湛庐 CHEERS

与最聪明的人共同进化

HERE COMES EVERYBODY

And Baby Makes Three

幸福的家庭

［美］ 约翰·戈特曼
朱莉·施瓦茨·戈特曼 著
冷爱（Sheng Pan） 译

John Gottman
Julie Schwartz Gottman

中国纺织出版社有限公司

JOHN GOTTMAN

约翰·戈特曼

西雅图爱情实验室走出的
人际关系大师

- 媒体公认的"婚姻教皇"

- 20 世纪最后 25 年里
  最具影响力的心理治疗师之一

- 人际关系研究领域的杰出大师

专注 40 余年

"爱情实验室"与"婚姻教皇"

美国知名畅销书作家马尔科姆·格拉德威尔曾在自己的一本著作中写道:"他是一位个子不高的男士,长着猫头鹰般敏捷的眼睛,头发花白,胡须修得整整齐齐。他魅力超凡,总能与人相谈甚欢,每当谈到让他兴奋的话题时,他的眼睛便闪闪发亮,更加炯炯有神。他的身上仍带有 20 世纪 60 年代嬉皮士的范儿,比如他那顶偶尔扣在犹太编织圆帽上、印有毛主席头像的红军帽。"

马尔科姆笔下的这个人便是全球人际关系领域公认的殿堂级人物——约翰·戈特曼。从 20 世纪 70 年代至今,戈特曼对人际关系、婚姻关系及家庭关系进行了长达 40 余年的跟踪研究。1992 年,戈特曼与其妻子主持的"爱情实验室"公布了堪称史上最大规模的家庭关系研究结论,在这项涉及近 3 000 个美国家庭、700 对新婚夫妇的纵向研究中,戈特曼可以在 5 分钟内判断一对夫妇未来一年内的婚姻状况,准确率高达 91%,他后来甚至将这一数据提升到了 96%。

"爱情实验室"的门槛被蜂拥而至的媒体踏平,《早安美国》《今日秀》《CBS 早间新闻》《奥普拉脱口秀》《纽约时报》《人物》《今日心理》《西雅图时报》等争相报道戈特曼的神奇预言。有媒体甚至称戈特曼为"婚姻教皇",拯救了万千陷入危机的家庭。其著作《幸福的婚姻》更是畅销 10 余年,长期盘踞同类图书榜首,畅销全球 22 个国家,并被《哈佛商业评论》誉为沟通经典之作。

用数据说话

大数据时代的亲密关系真相

戈特曼在 40 多年的研究生涯中，始终致力于将人与人之间的关系与行为数据化，并通过建立数学模型达成对行为的预测，其目的在于不断完善其独特的婚姻治疗方法，帮助伴侣消除感情障碍，改善相处模式，加深情感联结，巩固亲密关系。

如今，"爱情实验室"收集到了大量关于亲密关系互动行为的数据，成为全球最具权威性的亲密关系数据中心。戈特曼亦通过对这些大数据进行的科学研究，发现了两性关系乃至亲子关系中的许多秘密，而这些秘密正是获得长久幸福的关键。

"父母之间的关系越密切，孩子就越能健康地成长，无论是情绪还是智力，都会发展得更好。"戈特曼在他的新书《幸福的家庭》中说道，不过戈特曼的研究发现，"在第一个孩子出生以后，对 2/3 的夫妻而言，双方关系的满意度会降到谷底。"那么如何在二人世界变成三口乃至多口之家之后，仍然保持伴侣的亲密无间与家庭的和谐幸福？戈特曼继续着他对数据和公式的痴迷，提出了在家庭升级后，让夫妻感情继续升温的"6 步升温法"，让化解错综复杂的家庭矛盾可以像做问答题一样简单。

与罗杰斯、荣格齐名的心理治疗大师

无论在婚姻、亲子领域，还是在商业、职场中，戈特曼带给人际关系研究的变革都是划时代的。他极具科学性的研究让人耳目一新，也让人与人之间的沟通回归真挚且更加有效。

戈特曼在人际关系领域长达 40 多年的深耕，成就斐然、著作等身，其建构的人际关系模型是心理学领域少有的可预测性数理模型。

2007 年，美国具有相当权威性的刊物《美国心理治疗网络》及《美国心理学家》杂志同时评出 20 世纪最后 25 年间，美国心理治疗师眼中 10 位最具影响力的心理治疗大师，戈特曼赫然在列，与卡尔·罗杰斯、卡尔·荣格共享殊荣。

戈特曼同时收获了美国家庭治疗领域的所有专业大奖。4 次荣获美国心理健康研究院科学研究者奖章，并获美国婚姻与家庭治疗协会杰出科学研究者奖章、美国家庭治疗学会杰出贡献奖、美国心理学会家庭心理学分会会长奖章。

作者演讲洽谈，请联系
speech@cheerspublishing.com

更多相关资讯，请关注

湛庐文化微信订阅号

湛庐CHEERS 特别制作

戈特曼
——
幸福六部曲

谨以此书献给
我们亲爱的女儿莫丽亚·萨拉（Moriah Sara），
谢谢她给我们的家庭带来了
无尽的喜悦。

你知道如何在孩子出生后让婚姻更幸福吗?

扫码鉴别正版图书
获取您的专属福利

- 在孩子出生前 3 年，一半以上的伴侣对彼此非常满意，这个结论与婚姻教皇约翰·戈特曼的研究相符吗?

  A. 相符

  B. 不相符

想知道如何在孩子出生后让
你的婚姻更幸福吗?
扫码测一测，
立即获取答案及解析。

- 当你和伴侣吵得不可开交时，更好的做法是（ ）

  A. 双方都暂停一下

  B. 让丈夫先说完

  C. 让妻子先说完

  D. 把各自的观点写下来

- 关于丈夫是否应该在妻子的分娩过程中进入产房陪产，约翰·戈特曼研究发现（ ）

  A. 不应该，因为丈夫会因目睹妻子生产时的种种场景而降低对妻子的好感

  B. 应该，因为丈夫的陪产可能会在日后降低夫妻双方的敌意

  C. 不应该，因为这会让妻子难堪

  D. 应该，因为丈夫的陪产会让妻子生产的时间大大缩短

迎接孩子，你的家庭做好准备了吗

这些年来，我一直在深耕婚姻家庭咨询行业，提出了挽回修复、告别单身、自我提升、维护长期关系等原创理论和实战技巧。我通过开专栏、写书、演讲、办工作坊等各种各样的方式回答过上万个情感问题，在全网收获了上千万粉丝。而这一切，都离不开约翰·戈特曼关于婚姻家庭的科学研究与实践。

也许很多人并不了解，婚姻家庭治疗（Marriage and Family Therapy）在美国已经有上百年的发展史，是美国心理咨询与治疗领域非常重要的学派。当今，美国开设婚姻家庭治疗专业的高校有上百所，专业的婚姻家庭治疗师超 10 万人。而戈特曼就是当今最重要的婚姻家庭治疗大师之一，这个领域的任何专业人士都不可能绕过他，他也因此被称为"婚姻教皇"。

2015 年夏天，我去美国参加了戈特曼研究所的工作坊，整个工作坊里只有我是专程从其他国家飞过去的。这次在工作坊的学习让我收获甚丰，也解决了我当时面临的很多问题，我便由此发愿，一定要把戈特曼方法带到国内，让更多的人学习真正的亲密关系科学。

念念不忘，必有回响。这些年我常在微信公众号、微博、抖音等各个平台重点推荐戈特曼的书，并因此与引进戈特曼著作的湛庐结缘。2018 年，我有幸与湛庐合作录制了《幸福的婚姻》有声书，后来又成为《爱的沟通》和本书的译者，接着我的合伙人肖振兴也在湛庐录制了《爱的博弈》有声书。这一切都让我非常感恩，是湛庐让我完成了当年的心愿，把戈特曼更多更好的内容不断带到国内。

同时，在花镇学校校长刘书颖女士的努力下，我们也获得了戈特曼的授权，因此把他的工作坊引入中国，很多心理咨询师和婚姻家庭咨询师得以在国内获得系统培训。在花镇学校，我们也把《幸福的婚姻》《爱的沟通》列为专业人士必读书和向客户推荐的书，当然，你正在看的这本《幸福的家庭》也同样会被列入必读书单。

为什么我如此看重戈特曼方法？因为与世界上众多婚姻家庭治疗师和心理学大师的主张相比，戈特曼方法经过了有效的科学研究与检验，并基于这些科研成果提出了一整套系统解决方案。

《幸福的婚姻》是一本同时面向男性和女性的长期关系指南，《爱的沟通》是一本专门写给男性的书，而本书针对的则是孩子出生后的亲子、夫妻关系维护问题。通过戈特曼这一整套系统解决方案，我们能够科学、全面地掌握两性相处的要义并付诸实践。毫无疑问，戈特曼方法是对我影响最深的婚姻家庭治疗理论。

接下来，我想重点分享本书的独特价值，并告诉你将如何从中受益。每个人都或多或少地思考过关于孩子的问题，比如要不要生孩子、生几个、如何养育孩子以及如何处理与孩子的关系。

《幸福的家庭》正是对这一系列问题的回应，也可以说是为所有想要孩子以及正在养育孩子的伴侣写的一份全方位指南。这本书的英文原名是 *And Baby Makes Three*，我想它指的正是一对伴侣和一个孩子，也就是从二人世界变成三口之家的过程。基于这种转变，本书提出了许多非常有创见的观点，其中有两方面让我深受触动。

一方面是关于父亲这个角色的。我在做婚姻家庭咨询的这么多年里，经常看到的一个现象就是父亲的缺位。有些父亲几乎每天都工作到很晚才回家，或者常年出差在外，而有些父亲即使回了家，也总是闷头在做自己的事儿，并不会参与抚养孩子的工作。在这样的家庭中，父亲这个角色几乎是"消失"的。还有一些男性深受刻板思想的影响，认为抚养孩子不该是男性要做的事。而如今的很多流行文化也在给这些现象推波助澜，比如我们很少会从奶粉等广告里看到男性的身影……

对于这一系列关于父亲的问题，戈特曼都在书中犀利地指出了关键所在，他专门用一章的内容来探讨这些问题，并给出了行之有效的解决方案。戈特曼不仅充分论证了父亲投入养育孩子的工作中有多么必要且重要，还指出了这种投入既能促进孩子的改变和成长，也能赋予伴侣关系意义深远的正面影响。

另一方面是孩子的出现对伴侣关系的巨大冲击。我们会发现，很多伴侣关系问题都是由孩子的降生带来的。原本夫妻双方的感情很好，正在享受二人世界，而孩子的降生打破了这一切，让双方的关系忽然变得很脆弱，冲突和矛盾也越来越多。比如，很多伴侣根本没有做好迎接新生儿的准备，也不知道孩子的出现会给婚姻关系带来这么多的冲击。

深耕两性关系领域 40 余年的戈特曼深知这一点，他在本书中花了大量的篇幅来探讨这个问题，告诉伴侣们要花多少时间和精力去迎接这个新成员的加入，又要付出多少努力去解决相关的问题。甚至，在我们文化中很少会提及的性关系，也同样会因为孩子的降生而面临诸多挑战。可能孩子的出生让母亲无暇考虑这些，而父亲却一直有这样的需求，这种冲突又该如何化解呢？戈特曼同样给出了有力的答案。

以上两点只是抛砖引玉，关于本书的更多创新性价值以及系统性知识，还需要读者朋友们亲自探索。每个家庭都有各自的特征，有些孩子降生在相亲相爱的家庭，有些孩子面临着父母离异的境况，也有些孩子一开始就生长在单亲家庭……但我相信，无论处于哪一种情况，这本系统、全面的书都能为之带来实用且影响深远的帮助。

这本书不仅是戈特曼方法在中国的进一步落地，也是我和我的团队，以及所有跟本书相关的人对亲子关系这个议题的进一步探索。在这些年的学习与成长中，我逐渐意识到，生命是一个我们无法左右也无法决定的宏大存在。每个孩子来到这个世界上，都是一份美妙的缘分，我衷心地希望这本书可以帮助每一个来到这个世界上的孩子，让他们被更好地对待。我将最好的祝福送给所有降临人世的孩子们，欢迎你们来到这个世界。

最后，特别感谢湛庐的编辑们，感谢我们团队中的肖振兴、刘书颖、瑜之、江凝等小伙伴，以及每一位支持戈特曼方法的朋友，我爱你们！

AND BABY MAKES THREE
幸福的家庭

目录

第3步
冷却冲突

带宝宝回家之后

尽管我们①两个都喜欢怀孕的感觉，但为人父母的过程很艰难。在经历了令人精疲力竭的人工受孕过程后，朱莉终于在 40 岁时怀孕了，此时约翰 48 岁。到 9 月，朱莉已经怀孕 7 个月了。我们俩安排了几天假期，放下手中的工作，从西雅图开车去黄石公园旅行。我们在公路上飞速行驶，将车窗打开，让头发随风飞扬。车里放着邦妮·雷特（Bonnie Raitt）的歌曲《时间的缺口》（*Nick of Time*），我们随着音乐大声歌唱。经过爱达荷州的时候，一路上我们俩进行了多次令人难忘的对话。开了整整两天车，我们终于在第二天晚上到达了黄石公园，然后租了一栋简朴的小木屋，很快便陷入了沉睡。到了凌晨 3 点，我们俩突然都醒了。约翰轻声

---

① 本书系约翰·戈特曼和朱莉·施瓦茨·戈特曼夫妇的合著作品，故以二人的共同口吻书写全书，在提到作者中的丈夫时称"约翰"，提到作者中的妻子时用"朱莉"。余同。——编者注

说："我想好孩子的名字了。"朱莉问："叫什么？"约翰回答道："莫丽亚。"朱莉一脸惊讶，她激动地说："我刚刚做梦就是这个名字！"我们俩相拥在一起，随后沉沉地睡去，仿佛全世界只剩下我们俩，还有即将出生的小莫丽亚。

12月中旬，西雅图的天气依然温暖如春。朱莉已经到了孕晚期，身形巨大。某天早起后，我们吃了一些烤面包和鸡蛋。随后，朱莉微笑着说："我想买一件冬装外套。"听了这话，约翰直摇头："等生完孩子再买吧。""不。"朱莉并不同意。约翰以为朱莉没明白自己的意思，于是又说道："等孩子出生以后再买吧。衣服现在穿着合适，等生完孩子以后就不合适了。你现在的衣服尺码比平常的要大很多。"朱莉坚持道："不，我现在就想买冬装外套。"约翰不禁想起一句老话：永远不要和孕妇讲道理。他只好默默地叹了一口气，说："好，我们去买吧。"随后，我们俩一起去了商场，朱莉买了一件比她平常穿的尺寸大3倍的外套，并立即穿上了。

离开商场后，朱莉又提出："我想去给车装防滑链。"约翰有点儿恼火了，说道："你这样就有点儿不讲道理了。现在虽然是冬天，但还很暖和呢。况且，西雅图的冬天从来不下雪。"可是朱莉回应道："我不管，我就是要买防滑链。"

于是，我们又去了一家汽修配件商店。营业员看上去高大结实，默默地站在柜台后面。他听说我们要买汽车防滑链，就说："我倒是有这种防滑链，但西雅图的冬天从来不下雪，你们用不上的，所以别浪费钱了。"约翰向他指了指店外的朱莉，她挺着大肚子站在那里，裹着一件肥大的冬装外套。营业员立刻点了点头，冲着约翰挑了挑眉毛说道："好吧，我懂了。"随后，他从仓库取来了防滑链。

我们刚准备走，朱莉又说："我们现在得把防滑链装上。"约翰说："我可装不了，但可以去找机修工。"这时的约翰已经明白，最好不要试图与怀孕的朱莉争辩。到了修理厂，机修工说："你们在开玩笑吧？天气这么好，顶多出现点儿乌云，但不会下雪的。我现在忙得很。"约翰指了指站在不远处的朱莉。机修工点点头："好吧，我懂了，你们去隔壁的希腊餐馆吃个午饭，吃完回来我就搞定了。"我们吃了午饭，1小时后，开着装有防滑链的车磕磕绊绊地回家了。

以往，即使到了12月中旬，西雅图的风还是很温和的。但那天下午5点的时候，天气却冷得有点儿反常，天空变得非常昏暗。一阵风吹过，天上飘下来几朵雪花，非常美丽。紧接着，气温骤降，风越来越大。仅仅过了1小时，屋里就冷得像冰窖一样。我们望向窗外，看见大雪纷飞，大风把树都刮弯了。自从5年前离开伊利诺伊州之后，约翰还没有再见过这样的景象。随后，新闻报道说，这是西雅图百年难得一见的暴风雪，并称其为"世纪风暴"。4小时内的降雪量达到了60厘米，积雪堆高达1.5米，山上的风速也达到了每小时158千米。

当晚，朱莉正准备上楼，突然，她的羊水破了，于是大喊："约翰，我要生了！"随后，她表面淡定地一把抓起下午刚买的冬装外套，脸上却流露出一丝得意的表情。我们拿起待产包，立刻上了车。由于车已经装好了防滑链，我们很顺利地从陡峭的国会山（位于西雅图东侧）开到了山顶医院。一路上，我们看见路边歪七扭八地停了许多车。整个西雅图仿佛都"搁浅"了。排队买防滑链的队伍足足得等6小时。雪一直在下，气温已经逼近零下20℃。

到了医院，我们发现朱莉的产科医生正微笑着等在那里。她几小时前本就该下班了，却因为暴风雪无法开车回家。我们太幸运了吧！护士到点了也没法下班回家，下一班医护人员也没法来上班了。而我们这个快乐的"三口"之家，就在这个时候来了。

几个小时过去了，朱莉每 5 分钟宫缩一次，疼得脸都扭曲了。但是，她还没有到最后的生产时刻，我们只能绕着医院不停地溜达。"深蹲，快速吸气、呼气，再接着走。"约翰试图用在生产预备课上学到的知识来帮助朱莉。尽管朱莉已经疼了几个小时了，但还是没有要生的迹象。回到产房，约翰蜷缩在朱莉旁边的一把椅子上。20 小时过去了，被暴风雪困在医院的护士一直强撑着。朱莉平躺着，伴随着一阵阵宫缩，等待最后生产时刻的到来。

第二天，生产时刻终于来临了！朱莉立刻被推入产房，约翰也陪伴在侧。约翰和麻醉师开始讨论朱莉的心电图。约翰提了几个问题，麻醉师边画图边解释。突然，朱莉大吼一声："要生了！"

约翰扶住朱莉的一条腿，难以置信地发现，莫丽亚的头已经慢慢出来了。随后，莫丽亚露出了整张脸。接着，她瞪大双眼，淡定地四处张望。她望向约翰，好像在说："这可真有趣儿，你是谁？"约翰默默地想："天哪，这张脸太可爱了！我可以每天看这张脸，一辈子也看不够。"约翰感觉自己瞬间坠入了幸福之河。莫丽亚轻轻地哼了一声，护士把她递给朱莉。朱莉轻轻地抱着她，开始喂奶。我们喜极而泣。

一天之后，我们带着莫丽亚回家了。我们精疲力竭，却充满喜悦和爱意。在朱莉分娩的那一刻，我们强烈地感受到自己是和全人类相连的。我们以前从来没有意识到爱的力量有多么伟大，但从那一刻起我们坚信，自己愿意为莫丽亚献出生命。

后来，当莫丽亚在床边的小摇篮里熟睡之后，我们俩躺在床上，无所事事。朱莉问道："现在我们该做些什么？"约翰说："医院给了我们一盒录影带，我们一起看看吧。"录影带是关于瑞典医疗中心的介绍。瑞典医疗中心提供骨科、癌症、急救等所有医疗服务，却不包括接生。我们既有点儿失望，又有点儿困惑，同时也觉得非常疲惫。我们只要一躺下，莫丽亚就开始哼哼唧唧。于是我们把她放在我们俩中间，并开始轻哼起摇篮曲，随后我们3个人一起沉沉睡去。我们是幸福的一家人。

研究始于一次演讲

"有了孩子以后，我们应该怎么做？"第一个孩子出生时，大多数夫妻是否都问过自己这个问题？从开车去医院的当晚开始，这个问题就一直困扰着约翰。他足足花了8年时间，最终才知道该如何回答这个问题。

莫丽亚8岁时，约翰已经是西雅图地区一名研究夫妻关系的专家了。1998年的某一天早上，他接到了一个特别的电话。电话那头是一位女士，她代表西雅图儿童医院和《西雅图儿童报》(Seattle's Child) 邀请约翰发表一次公开演讲，演讲主题是"第一个孩子如何影响夫妻关系"。约翰思考了一下，想到自己手上有一些长期追踪研究数据。他从一些夫妻新婚时就开始对他们进行追踪，其中大概有50对已经有了第一个孩子。约翰认为，如果仔细分析这些数据，他会有一些不同寻常的发现。

研究结果的确令人震惊。**在孩子出生的前3年，67%的夫妻对彼此感到非常不满，只有33%的夫妻对彼此感到满意。**后者与其他人一样，承受着初生婴儿带来的压力，不过他们能够很好地应对。当然，这些人也会遇到一些矛盾，但总体来说，他们的家庭生活比较顺利。

我们认为，这些人掌握了从夫妻过渡到父母的成功秘诀。很显然，为人父母会面临很多问题，比如婴儿总是不停地号啕大哭，这可一点儿都不浪漫。这些问题足以困住大多数人，而成功的夫妻则可以巧妙地解决这些难题。因此，我们不禁要问：为什么有的人可以顺利渡过这段转变期，有的人却把一切弄得一团糟？他们是从新婚开始就展现出了不同之处，还是从第一个孩子出生以后呢？

针对这个问题，我们的朋友卡罗琳·考恩（Carolyn Cowan）和菲利普·考恩（Philip Cowan）在加州大学伯克利分校进行了一项开创性研究。他们俩组织了一些女方正在怀孕的夫妻，将其随机分为两组。他们从孕晚期开始为其中一组提供支持小组，另一组对照组则没有支持小组。然后，他们比较了两组夫妻之间的区别。

考恩夫妇发现，有支持小组的夫妻改变了很多。最重要的是，他们能够意识到，孩子出生后带来的生活压力并不是因为双方的关系变差了。小组中的大部分夫妻都遇到了同样的问题。

考恩夫妇的研究很具有启发性。研究表明，当孩子出生之后，所有夫妻都会经历同样的挑战。与考恩夫妇的研究对象一样，我们的研究对象在孩子出生后也遇到了同样的挑战。区别在于，部分夫妻在应对挑战时比其他人做得更好；而无法应对这些挑战的夫妻，其离婚率要比常人高出两倍。

在为西雅图儿童医院的演讲做准备的过程中，约翰和他的学生艾莉森·夏皮罗（Alyson Shapiro）全面分析了研究对象中所有的"成功者"和"失败者"。为什么这两组夫妻应对冲突的方法不同？成功者是如何维系他们之间的情感联结的？研究结果表明，这两组夫妻呈现出显著的不同。约翰就此在演讲中进行了重点讨论。

令我们感到惊讶的是，当晚的演讲现场几乎爆满！似乎所有人都对如何在婴儿出生后维系夫妻关系的问题感兴趣。现场大部分女性都处于孕期，有些人刚生了孩子，有些人的孩子更大一些。除了女性，现场还有很多男性。屋里坐满了人，还有 50 多个人挤在门外。没人想到现场会来这么多人。

随后，约翰接到了一个又一个演讲邀约。这些演讲的宣传语无一例外都是"带宝宝回家：如何在婴儿出生后维持亲密关系"。在演讲的现场，人们都屏息凝神，特别专注，似乎连一根针掉落的声音都可以听见。人们迫切地想要知道，在婴儿出生后，怎么做才能维持双方的亲密关系，怎样才能成为更好的父母。此外，人们还提出了许多其他的问题。

有一次演讲结束之后，有听众提问："这些就是你全部的研究结论了吗？"约翰回答说："是的，我的发现就只有这么多了。"这位听众礼貌地说："这些发现是个好的开始，不过还远远不够。"约翰也表示同意。回到家后，他和朱莉一起坐下来，开始进一步讨论这些问题。

我们还能做些什么来帮助这些人呢？在 30 多年的临床经验中，朱莉为超过 800 名来访者提供过心理咨询，其中很多来访者都已为人父母。在这些人当中，有的遭受过抑郁、创伤后应激综合征、虐待以及各种各样的压力，因此饱受痛苦。但对许多来访者而言，孩子才是他们前来咨询的主要原因。

与此同时，约翰作为一名教授兼研究员，在 30 年内开展过 25 项关于夫妻关系的研究。在过去的 13 年里，302 对夫妻中的 222 对已经有了孩子，这些孩子也成为约翰的研究对象。

此外，我们在 1996 年成立了戈特曼研究所。为了整合学术研究和临床经验，从 1996 年开始，我们还在研究所举办了"夫妻周末工作坊"。直到今天，这些工作坊依然大受欢迎。

我们在工作坊共同执教，并采取角色扮演的方式进行教学，也引入了许多自己婚姻中的例子、学术研究成果以及人们在实践中遇到的种种问题。工作坊专注于加深夫妻之间的友谊、管理冲突、分享价值观、缓解压力，以及建立健康的夫妻关系。参与工作坊的夫妻中，有 85% 的人都认为自己在应对关系冲突上取得了重大突破。

根据这些年的工作经验，我们两个人现在又开始投入工作之中。在两个月的时间里，我们为有孩子的夫妻设计了一个名为"带宝宝回家"的工作坊。我们整合了此前的经验，并针对新手父母进行了适当的调整。随后，我们又在莫丽亚出生的医院里开展了一项研究，以评估工作坊的效果。研究结果显示，工作坊的效果很好。后来，我们开始针对这个问题进行了长期研究。

至今，"带宝宝回家"工作坊已经走过了 8 年的旅程。这个工作坊既帮助了许多夫妻，也帮助了我们自己。

本书就是这段美好旅程的精彩再现与总结。

本书的目的

孩子的出生通常会给家庭带来愉悦，不过，包括我们在内的大部分研究人员都认为，对许多人来说，这种愉悦通常转瞬即逝。

研究发现，在第一个孩子出生以后，对 2/3 的夫妻而言，双方关系的满意度会降到谷底。 双方的冲突和敌意会急剧增加，彼此之间的争吵也会更多，情感亲密度急剧下降。他们对这种状况感到困惑，对双方的关系开始感到厌倦。此外，他们之间的激情也逐渐褪去，性生活质量会明显下降，因为生活不再浪漫。

许多研究都关注了新手妈妈的问题。与我们的研究一样，大部分研究表明，新手妈妈以及部分新手爸爸很容易出现产后抑郁的现象。婴儿出生后，父母通常会更加疲劳，睡眠明显减少，脾气变得更加急躁。在很多个案中，疲劳会加剧抑郁的产生。此外，有些父母通常意识不到婴儿出生带来的巨大压力。随后，他们会就双方的家务分配反复争吵。最后，双方都会很不满，觉得对方忽视了自己，感到很孤独。

婴儿在出生后的几个月里会逐渐变成家庭的中心，夫妻之间的浪漫关系会逐渐消失。他们中的一些人会变得很孤独，还有一些人则陷入一种痛苦的相处模式，直至最终彼此分开。很不幸的是，大部分夫妻在第一个孩子出生后，关系都会变得越来越差。

那婴儿的状况又怎么样呢？**事实上，父母关系的恶化会给婴儿的智力发展和情绪发展带来很大的压力，从而阻碍婴儿的正常发展。**

婴儿需要父母回应他们的需求：沮丧时，他们需要父母帮助舒缓情绪；害怕时，他们需要父母帮助他们镇定下来；想要娱乐时，他们需要父母热情地和他们玩耍。可是如果父母很紧张、孤独甚至抑郁，就不太能回应婴儿的需求；婴儿的哭声只会让父母感到烦躁，婴儿的恐惧甚至会让父母感到愤怒；当婴儿需要陪伴和玩耍时，父母只会觉得婴儿的需求太高，难以应付。当夫妻双方发生争吵时，这种感受尤为明显。

婴儿可以很好地"读懂"和回应父母的表情和声音。当婴儿感受到父母的声音中存在敌意时，他们会感到害怕，并开始哭泣。可是，父母此时正在争吵，婴儿的哭泣声只会让父母感到更加烦躁。父母本身已经很有压力了，所以希望婴儿能够保持安静。于是，这种情况就会导致父母与婴儿之间的情感关系衰退。一些父母还可能会强迫婴儿表现出令人满意的行为，如闭嘴。

我们的研究表明，不幸福的夫妻养育大的孩子通常会遇到很多成长发展问题。这些孩子在智力发展和情绪发展上比幸福的夫妻养育大的孩子要差。这些孩子学会说话和自主上厕所的时间都比较晚，自我舒缓的能力发育得也比较晚。心理学家蒂法妮·菲尔德（Tiffany Field）的研究表明，如果父母有抑郁情绪，那么孩子在这些方面的发展就会延后，甚至可能比其他孩子落后好几年。

这项研究传递出的信息很明确：父母能够给孩子的最珍贵的礼物就是充满爱的家庭关系，因为好的家庭关系可以让孩子更好地成长。**父母之间的关系越密切，孩子就越能健康地成长，无论是情绪还是智力，都会发展得更好。**孩子是无法在整天吵闹不休的家庭关系下茁壮成长的。令人高兴的是，我们通过观察成功父母的行为发现，这些问题是可以避免的。成功父母有一些秘诀，其他人可以利用这些秘诀来维持健康的家庭关系。我们的研究也表明，只要运用这些秘诀，家庭关系就会更融洽。

本书旨在帮助人们创造和维系充满爱意的家庭关系。

6步升温法

本书提供了"6步升温法"，以帮助读者创造和维系健康的家庭关系：

1. 同舟共济。
2. 亲子无间。
3. 冷却冲突。

4. 友谊至上。

5. 做不缺席的慈父。

6. 传继家风。

本书总结了我们为人父母的经验和相关研究，将对以上 6 个步骤进行详细介绍。研究显示，"6 步升温法"可以帮助实现以下目的：

- 防止关系恶化。实验表明，在婴儿出生后的前 3 年，未参加工作坊的夫妻，其关系质量会明显下降；而参加工作坊的夫妻在学到这些技巧后，双方的关系质量依然很高。

- 防止彼此的敌意增加。实验表明，婴儿出生后的第一年，夫妻之间的敌对情绪会明显增加。但对参加了工作坊的夫妻而言，这种敌对情绪的水平一直很低。

- 预防产后抑郁症。在对照组中，66.5% 的母亲出现了产后抑郁症，而控制组产后抑郁症的概率仅为 22.5%。两组人在产后抑郁症的发病率上出现了明显的差别。

- 积极促进婴儿的成长。当参与实验的婴儿长到 3 个月大时，我们拍下了父母和婴儿玩耍的过程。结果发现，参加了工作坊的父亲更容易与配偶互动，也更少与之发生争吵。此外，参加了工作坊的父亲更加积极乐观，与婴儿的互动过程也更加有趣。并且，如果父母都参加了工作坊，婴儿就会更容易适应父母，并表现出较多的正面情绪，负面情绪则较少。这些婴儿的语言学习速度也更快。这些现象都表明，父母参加工作坊之后，孩子的情绪发展会更顺利。

遵循"6 步升温法"，可以为家庭和孩子找到正确的道路。

莫丽亚出生以后，我们的生活发生了巨大的变化。和许多父母一样，我们需要在事业和照料宝宝之间寻找平衡。我们曾出现睡眠障碍，找不到合适的保姆和日托机构。此外，莫丽亚还发生过多次耳内感染，我们经常不得不在凌晨3点带她去急诊室。有一次，一对气急败坏的夫妻在候诊室大打出手，我们不得不保护莫丽亚，以免她被吓到。我们两个是很典型的"三明治人"——上有患糖尿病的母亲，下有年幼的女儿，不得不经常出入医院，而工作上也承受着巨大的压力。尽管如此，我们还是从戈特曼研究所和心理咨询诊所里的夫妻身上学到了很多宝贵的经验。我们不断总结，让彼此的距离越来越近，感情越来越深。

我们和女儿一起经历了许多美好的时光。15年后，我们依然深深地爱着彼此。相信大家也能做到。

第 1 步

同舟共济

—

AND BABY MAKES
THREE

一天早上，吉姆早早地醒来，"性致盎然"。他伸手摸向妻子，结果妻子一下子坐了起来，说："孩子要吃奶呢。"吉姆感到十分失望，只好悻悻地跳下床，走进浴室。

　　一天晚上，玛格丽塔和卡洛斯正准备亲热，突然孩子哭了起来。卡洛斯开玩笑地说："天哪！他是装了雷达吗？我们一亲热他就能发现。他是不是在说'我可不要再多一个兄弟姐妹了'？"玛格丽塔并没有笑，想坐起来，卡洛斯却抓住她的睡袍，有点儿急躁地说："等等，他会自己安静下来的，你从来不给他这个机会。"玛格丽塔皱了皱眉头，还是坐了起来去安抚孩子。卡洛斯默默地嘟囔了一声："真见鬼。"玛格丽塔听见了他的抱怨。等她安抚好孩子回到床上的时候，她觉得卡洛斯应该生气了。但令玛格丽塔吃惊的是，卡洛斯主动向她道了歉，并表示自己能够理解她为什么要去照看孩子。卡洛斯还提出，下一次孩子哭的时候由他去照顾。玛格丽塔流下了感动的泪水。此时，他们虽然都已经非常疲惫，但是感到彼此更加亲近了。他们相拥在一起，沉沉地睡去，孩子也顺利地度过了一个安静的夜晚。

街对面也有一对夫妻。黛比正在和婴儿一起吃早餐，丈夫哈里也在吃早餐，但他转向了电视机。黛比抱怨道："你能不能把电视关了，跟我们一起吃早餐？"哈里说道："你闭嘴吧，我就是想在上班之前看会儿新闻。你到底想要我做什么？晚上你也不需要我。我一点儿用都没有，是吧？我上班已经够累了，也尽量帮你的忙了，你还抱怨我。你眼里只有孩子！"黛比大怒："你有毛病吧？白天我围着孩子团团转一整天已经够累了，我可不想晚上还有人围着我转。"哈里站起身，摔门而去。

几条街外的另一户人家，情况却大不相同。贾森和妻子沙妮克正在和6个月大的儿子马库斯一起玩耍。他们把马库斯放在尿布台上，准备给他换尿布。马库斯瞪大了眼睛注视着他们。贾森轻轻哼唱："我要抓住你的小肚皮。"然后，他在马库斯的肚皮上亲了一口。马库斯咯咯地笑了起来。贾森和沙妮克弯下腰，轻轻地挠马库斯的肚皮。马库斯扭动着小小的身体，哈哈大笑。他们一起给马库斯换好尿布，然后把马库斯举起来，在客厅里旋转着跳起舞来。

以上这些家庭的区别在哪里呢？孩子都刚刚出生，夫妻俩都在经历着同样的喜悦和压力，但有的家庭幸福，有的却不幸福。我们发现，在孩子出生之后，每个人都希望家庭生活一切顺利。有些人能够顺利地度过这个转变期；有些人遇到了一些磕磕碰碰，但还是可以重新站稳脚跟；还有一些家庭则分崩离析。

在分析这些家庭的区别之前，我们首先要关注一个最基本的问题：新生儿父母的境况究竟是怎样的？

宝宝出生带来喜悦，也带来危机

在以前，美国每年约有 450 万新生儿出生，绝大多数出生在已婚夫妻家庭，很少有单亲母亲。但近年来，这一情况正在发生巨大的改变。1980年，约有 18.4% 的新生儿出生在单亲母亲家庭。到 2003 年，这个数字上涨到 34.6%。这意味着，超过 1/3 的新生儿只有母亲，单身母亲的数量正在逐步增加。很多人担忧，出生于单亲家庭的孩子在未来遭受贫困、被忽视、虐待的风险都会增加。也有人认为，如果这些孩子的父母能够彼此承诺在双方关系上投入更多，孩子就会成长得更好。

但是，这些数据具有误导性。近年来，一项覆盖美国 21 个城市的研究表明，单亲母亲的数量其实并不多。排除种族和族群的影响，大约有82% 的母亲与孩子的父亲之间有着美好而浪漫的感情。60% 的新生儿父母都住在一起，并且为了在一起克服了各种困难。因此，虽然单亲母亲的数量很多，但她们中的大多数实际上和孩子的父亲已经建立了事实上的家庭关系。因此，我们不能笼统地说这些孩子在出生后的第一年，生活在单亲家庭之中。

我们在全美很多地方举办过父母工作坊，结果发现，无论哪个阶层、哪个种族，男性都希望自己成为更好的父亲和伴侣。许多男性在成长早期都经历过父亲缺位的情况，因此，他们并不希望自己重蹈覆辙，他们希望自己拥有不同的人生。相比于友谊和事业，许多人甚至更加渴望家庭。

这就意味着绝大多数新生儿都出生在父母双全的家庭，尽管某些父母并没有结婚。不管处于哪种情况，大多数人都希望在孩子出生后拥有幸福的家庭。本书讨论的一切问题，正是旨在帮助人们实现它。

有一则老掉牙的笑话是这么说的：一名男子走进了一家餐馆，汤端上桌以后，他叫来了服务员，让服务员尝一尝。服务员立刻向他保证，这碗汤是精心制作的，且大厨是全城厨艺最棒的。男子依然说："你尝尝这碗汤。"服务员再次保证汤绝无问题，还拿出了精心装裱起来的客人评论，评论里都是对汤的溢美之词。男子不停地点头微笑，依然坚持叫服务员尝一尝汤。没有办法，服务员只好答应："好吧，那我就尝一口。咦？勺子在哪儿？""啊！你终于发现问题了！"男子说。

人们无法预测孩子出生后的生活会变成什么样，都觉得自己会收获喜悦。每个人都说，没有什么比见证新生命的诞生更让人激动了，婴儿是爱的结晶，代表新希望。婴儿用他们的可爱融化了人们的心，将人们带入平和与爱的世界。婴儿是如此柔软、脆弱，对世界毫无抵抗力。他们需要成年人，需要成年人用爱滋养他们。他们对成年人毫无防备，敞开心扉地与人们玩耍。

人们或许觉得自己把家庭经营得还不错，可是在面对为人父母的现实压力时，不免觉得有一丝苦涩。

在 13 年的研究过程中，我们观察了 130 对年轻的父母。**我们发现，在孩子出生的前 3 年，2/3 的父母都经历过双方关系质量明显下降的情况。**新生命当然会带来许多甜蜜，但夫妻双方的冲突和敌意也明显增加了，此时，双方关系就开始变得有点儿苦涩了。

如果以上的研究结果具有代表性，那么可以说，绝大多数的家庭在婴儿出生后都会经历夫妻关系紧张、恶化的情况。类似的故事我们听过许多，比如以下两个例子。

安杰莉卡抱怨丈夫罗伯特总是指望她一个人承担几乎所有的家务

和照看孩子的职责，但她现在也有一份兼职工作。罗伯特却说，他现在有一份全职工作，还经常加班，因此也算是为家庭做了很大贡献。

安杰莉卡讽刺道："实在太感谢你了啊！你要是现在去给孩子换个尿布，也算在家加班了呢。"

罗伯特窃笑道："你想得美，孩子尿尿我当然会去换尿布了，但是他刚刚拉屎了，这可得你去做。"

安杰莉卡完全笑不出来，默默地去换了尿布。

乔纳森和珍妮并排坐在沙发上接受采访。

乔纳森说："珍妮在孩子身上投入太多了，多到已经毫无底线了。她完全没有意识到，我们现在必须节省开支。她把一周的薪水都花在给孩子买衣服上，这样她把孩子带出去见朋友的时候，大家就会夸孩子很可爱，好像我们的孩子是芭比娃娃一样。她太不切实际了。"

珍妮反驳道："你不懂！小孩子长得太快了，所以才总要买新衣服！另外，我不是不切实际，我也不喜欢这样的生活，可是你自己也赚不到钱呀。还有，我必须要买一辆新推车，旧推车不安全。"

乔纳森吼了起来："从你嘴里从来听不到什么好话，你只会批评我。我做了那么多事儿，你都看不见吗？"

珍妮撇了撇嘴："你哪件事儿都做不好，害得我总要返工。"她蔑视地笑了起来。

乔纳森说："你又来了。"

这对伴侣无法继续对话下去，只好沉默地坐着，两个人都板着脸。

这两个例子非常典型。我们将双方讨论问题的细节录了下来并逐句分析。**我们发现，这些陷入麻烦的夫妻彼此总是处于防御状态，互相挑剔，完全不尊重对方。**他们对对方的观点充耳不闻，坚决不妥协，且常常会说出一些让自己后悔的话。许多夫妻甚至常常吵架吵到心跳过速，感觉像在蹦地雷阵一样。在他们眼里，对方是自己的敌人而非伙伴；显然，对方也不可能表达爱意，更不要说尊重了。久而久之，双方都感到自己被对方忽视了，没有得到应有的尊重，从而感到非常孤独。

孩子的出生本应该给家庭带来喜悦，可为什么会变成灾难呢？故事似乎就应当这样发展：孩子出生以后，夫妻之间的亲密关系荡然无存，浪漫和激情都会退去，家庭的重心转移到孩子身上。双方曾经是非常好的爱人兼朋友，现在却完全不为对方花一点儿时间。双方不再约会，也不再进行深入的交谈。由于双方都很孤独，因此他们很容易被婚姻以外的人吸引。大部分外遇都发生在孩子出生以后，家庭变成了争吵的战场。

最糟糕的是，语言冲突会升级为肢体暴力。美国的一项研究表明，37% 的已育人士遭遇过另一半的家庭暴力。另一项研究表明，30% 的家庭暴力发生在女性怀孕期间。难怪现在的离婚率高达 50%，而且大部分离婚都发生在孩子出生后的几年内。

发生这种情况的部分原因在于，人们从一开始就认为为人父母并不是难事。人们似乎难以想象，小小的新生儿会给家庭带来很大的压力。孩子的出生难道不应该是一件喜悦的事情吗？毕竟，孩子出生后，父母总会收到亲友们的贺卡。孩子的出生当然是一件美好的事情，但这些贺卡上或许应该用小字写上以下这句话：和浪漫告别。

难道人们注定要走上这条"不归路"吗？当然不是。人们可以学习一些技巧，为生活增添美好的色彩，从而尽量避免这些痛苦的经历。

早在 1957 年，E.E. 勒马斯特斯（E.E. LeMasters）的标志性研究就表明，**83% 的新手父母在从夫妻到为人父母的转变过程中都会经历中度到重度的危机**，但当时没有人相信。一开始，勒马斯特斯的研究结论被忽视了。当时没有人相信新手父母的危机概率如此之高，他的研究结论也遭到强烈地质疑。到了 20 世纪 80 年代，越来越多的研究都证实了他的发现。目前，已有多达 16 项长期研究都证实了勒马斯特斯的结论是正确的。

管理好冲突，关系才能更进一步

孩子的降临会带来非常多的家务。小婴儿每两小时就要吃一次奶，甚至在夜里也不例外。大部分婴儿在夜里都不会睡一整夜，最多只会睡一会儿。此外，婴儿提出需求的方式就是哭。这就意味着，婴儿会经常哭：尿布湿了会哭，感到疼痛了会哭，胀气了会哭，害怕了会哭，孤独了会哭，需要人抱了会哭，饿了也会哭……

凌晨 3 点，父母抱着婴儿在家里四处转悠，试图哄他们入睡。父母和婴儿一起跳舞，为他们唱歌，从 1 数到 100，试图和他们讲道理，摇晃他们，给他们洗澡。父母反复地清理婴儿的口水、呕吐物以及大小便。即使照镜子也得抱着他们，开车出门也得带着他们，还要把大床分给他们。婴儿有时会老老实实地睡在父母旁边，有时也会骑到父母头上。父母给婴儿换衣服、喂奶，带他们去公园玩儿，还要去看医生。父母为他们买了无数的东西：婴儿床、玩耍护栏、摇铃、玩具、安全座椅、尿布、婴儿食物等。父母实在是太爱自己的孩子了，所以才会忙忙碌碌。

父母可以不接电话、不回信息、不理睬别人敲门，也可以不回邮件，但一旦婴儿开始哭泣，大部分人是无法忽视的。婴儿的哭泣声激发了父母内心的原始冲动，去养育和保护婴儿，以维持人类的繁衍。由于父母时时刻刻都在围着婴儿打转，无法获得充足的睡眠，因而会疲倦易怒。这很正常，每个人都会这样。

可是，如果长期处于睡眠剥夺和慢性压力的状态下，人们会出现怎样的状况呢？很可能会出现轻度抑郁。很显然，睡眠剥夺有时会造成生理上的抑郁，尽管生活中并没有发生什么值得抑郁的事情。例如，有一项研究针对的是没有孩子的年轻被试，研究人员连续一个月每晚剥夺他们的深度睡眠（通过 δ 波和梦境阶段进行检测）。在月底，研究人员对这些被试进行了评估。结果发现，每名被试都出现了抑郁症状！这些被试既没有孩子，也不会有人半夜哭着吵醒他们，更没有人会对他们说："你去带小孩，我太累了。"

睡眠剥夺会加剧人们的日常冲突。人们感觉自己变得非常暴躁，经常会用比较极端的态度对待生活中的小事，比如在等红灯或在杂货店排长队时粗鲁地和人"打交道"。人们在精疲力竭时，也会失去幽默感，还会变得无法很好地应对生活中的小事。

在处理夫妻关系时，人们也会感到自己容易情绪失控。人们会觉得对方的话尖酸刻薄，因此会用一些更恶毒的话吼回去。前一分钟还在笑，后一分钟就开始哭泣，暴脾气一点就着。令人惊奇的是，只要连续几个月睡眠不足，人们就会变成这样。这并不意味着双方的关系变坏了，而只是意味着人们太过疲劳，正在经历剧烈的生活转变。

双方就会开始争执谁到底应该干什么。以下是一些新手父母必须要做且需要双方分摊的家务。

- 餐后洗碗。

- 摆好餐桌，准备吃饭。

- 清理橱柜、地板、浴室等。

- 给屋子除尘。

- 打扫房间。

- 清理垃圾。

- 采购婴儿用品。

- 整理归纳家里的东西。

- 准备三餐。

- 给车加油、换机油，洗车、修车。

- 给婴儿换尿布、喂婴儿。

- 夜里醒来照顾婴儿。

- 给婴儿穿衣服、洗澡。

- 哄哭泣的婴儿，和婴儿玩耍。

- 带婴儿看医生。

- 送孩子上学。

- 保证孩子出门时带上一天所需的东西。

- 辅导孩子功课。

- 哄婴儿或孩子睡觉。

- 整理床铺、洗衣服、叠衣服。

- 去超市采购食物，买药。

- 遛狗，清理猫砂。

- 确保夜里门窗上锁，随手关灯。

- 修理电器。

- 清理冰箱。

- 整理起居室，收拾玩具。

- 当婴儿烦躁时让他们镇定下来。

显然，新手父母要做的事情远不止这些。我们曾经试图为新手父母准备一个事项清单，结果清单上列了超过 600 件事情，把大家弄得更抑郁了，更不用提他们还要做自己的全职或兼职工作。难怪婴儿出生后，每个人都感到不知所措。

此外，在 16 项婴儿出生前后新手父母状态的比较研究中，我们发现了更多的问题，例如：

- 尽管夫妻双方都更加努力地工作，但他们都觉得对方不够感恩。
- 婴儿出生后的第一年，双方发生冲突的频率和激烈程度都增加了。
- 女方的性欲在婴儿出生后会显著下降，甚至在婴儿出生后的一年内，性欲都比较低。如果女方还要哺乳，这种情况尤其明显。因此，双方的性生活次数会显著降低。
- 女方会将全部注意力集中在婴儿身上。由于过度疲劳，她们难以为伴侣提供更多的情绪价值。
- 双方的自我身份认同都会发生很大的转变。他们不只意识到自己作为伴侣和父母的角色，还会意识到自己作为朋友、兄弟姐妹、儿女等不同的人生角色。他们的价值观和人生目标也都会发生改变。
- 双方通常都会希望自己比父母做得更好。
- 随着时间的流逝，许多夫妻的关系都会发生转变。他们会将事件归类为"婴儿出生前"的事件和"婴儿出生后"的事件。对他们来说，婴儿做的任何第一次尝试都非常重要。
- 婴儿一出生，新手妈妈身边的女性常常会主动过来帮忙。她们通常会将新手爸爸排除在外，因此新手爸爸会疏远新生儿，将更多的时间投入工作中。如果家庭冲突较多，这种情况更加明显。
- 如果新手爸爸对此有所不满，婴儿就会在情绪上回避他；但如果新手妈妈不开心，婴儿却不会在情绪上回避她。疏远父亲会给婴儿带来糟糕的后果。

如果婴儿的出生只能带来这些糟糕的事情，那么人类的出生率恐怕会明显下降。好在人们还会迎来一些美好的事情：婴儿有时会用力地抓住大人的大拇指，让人们感受到生命的活力；他们的小脚趾看上去和豌豆一样可爱，而只要短短一个月，这些小脚趾就会长成四季豆那么大；他们咧开嘴，露出第一个微笑；他们咯咯地笑；他们躺在父母中间，安静地睡觉；他们骑在父母的肩膀上，冲着整个世界眨眼；在温暖的夏日，父母带着他们出门；人们用玩具逗他们，看着他们笑……

或许问题就在于，人们对婴儿出生后的美好生活抱有太多不切实际的期待。丈夫通常会认为，孩子出生后，妻子会开心起来，双方的关系会更融洽。妻子则会期待自己成为一个完整的女人，觉得丈夫会更加有男子气概。同时，妻子还会期待丈夫变得更加敏感，能够更加体贴和爱护自己，想让丈夫花更多的时间陪伴和倾听自己的心声。她们还会期望，丈夫会经常和孩子玩耍，花时间照料孩子，更加亲近家庭生活。压垮家庭关系的第一根稻草往往是这样的：当妻子想要亲热时，丈夫却想要和孩子做游戏；而当丈夫想要过夫妻生活时，妻子却已经太疲劳想要睡觉了。不过，一定有方法可以帮助他们顺利地完成为人父母的过渡期。

当感到有压力和疲惫的时候，很多人会争吵，这是很自然的现象。**冲突管理的秘诀在于，双方要进行"建设性争吵"，而不是"破坏性争吵"。**"建设性"意味着尊重对方，温和而不挑剔，对自己负责，不采取防御态度。"建设性"也意味着倾听，而不是单方面地宣扬自己的主张，一直重复自己的话。冲突可以帮助人们更好地理解对方，但人们必须敞开心胸，听取对方的意见，而非固执己见。

发生冲突后，如果双方不尊重对方，冲突就会变得具有破坏性。双方只会相互批评或沉默以对，自我防御。双方的关系不再融洽，双方也没有幽默感可言。如此一来，亲密关系会迅速滑坡，如履薄冰。双方要么大吵大闹，要么逃避现实……没有人想变成这样。

然而，如果我们能够很好地管理冲突，双方的关系就可以进一步加深。这样，人们就可以更好地应对压力、更好地合作、更好地走向为人父母的人生新阶段。

亲密的情感会带来亲密的接触

婴儿的出生不仅给生活带来新的甜蜜，也带来了很多"任务"。或许人们太过忙碌，以至于忘记和对方说声"谢谢"，感谢似乎变得毫无必要。人们也忘记关心对方，不再问"你今天过得怎么样"，双方的交流也减少了。即便抽出时间对话，人们也常常会打断对方。婴儿出生以后，夫妻双方不再像以前那样对对方感同身受。由于不再设身处地地为对方着想，双方难以保证亲密关系的质量，这阻碍了双方情感需求的加深。婴儿出生以后，伴侣双方对身体接触的期望也会有所不同。男性会想要更多的亲密行为，这样他们就会感觉和对方更加亲近；而女性则会觉得性生活毫无吸引力。

埃伦·克莱曼（Ellen Kreidman）在《孩子出生之后还有性生活吗？》（*Is There Sex After Kids?*）一书中，讲述了自己在产后 9 个月去做妇科检查的故事。她咨询了妇科医生关于性生活的问题。埃伦并没有告诉医生，自从孩子出生后，她一直没有这方面的欲望，她期待医生告诉她："不好意思，未来两年都不要有性生活了。"但医生为她做了检查后对她说："你现在可以恢复过性生活了。"她有点儿目瞪口呆。做完检查后，埃伦开车和丈夫一起回家。丈夫问她医生是怎么说的,她回答道:"医生说未来两年都要避免性生活。"然后她又说:"和你开玩笑的,不是啦!"可是实际上,她倒希望医生建议她避免性生活。

像埃伦这样的情况很常见。许多女性会在孩子出生后对性生活的需求降低,也不太能够在情感上回应自己的伴侣。由于无法从伴侣身上得到更多的亲密体验,男性会逐渐开始回避伴侣和孩子。但实际上,在这个转变期,双方很有必要花些时间进行对话,以保持彼此情感上的联结和同频。**性生活的亲密来源于情感上的亲密,而双方只有在解锁重重困难的人生任务中与对方建立联结,才能增加情感上的亲密。**人们在感到自己被感恩和被珍惜时,自然会产生爱的情感。性生活并不仅仅是亲密关系中必须要完成的一项任务,还是自然而然产生的浪漫和激情的一部分。

父母关系良好,孩子才能健康成长

我们的研究发现,成功的夫妻会超越彼此的关系,建立超越自我、值得传承的精神财富。当新生儿来到这个家庭时,他们就已经开始参与家族传承了,他们将继承、传播家族的价值、愿景。新手父母一方面会扪心自问,另一方面也会询问对方:他们可以留下怎样的精神财富?

新手父母会用全新的眼光检视这一切。组成家庭意味着什么呢?是应该一起吃饭,还是分开吃?如果其中一个人生病了,另一个人应当如何照顾对方?如果一方在事业上取得了成功,要庆祝吗?如果一方的生活遭遇了失败,该怎么办?双方的生日该如何庆祝?节日该怎么过?看电视应该怎么安排?应该限制孩子看电视的时间吗?度假是在国内旅行,还是去国外旅行?如何对待情绪:是用沉默的方式对待,还是应该大声表达出来?

每个人都代表着自己成长的家庭。每个家庭都有自己的文化，这体现在独特的家庭象征、价值和仪式上。当人们找到另一半并成为父母时，不仅意味着两个人的结合，也意味着两种家庭文化的结合。因此，人们会创造属于自己小家庭的独特文化。

婴儿出生后，父母面临着一个重大的决定：他们应当传递给婴儿从自己父母那里继承到的家庭文化，还是应当独立创造自己的小家庭文化？该选择哪一个？

新手父母可以仔细思考这个问题，并决定孩子究竟在哪种文化下成长。他们也可以将这个问题抛诸脑后，让孩子自然成长，然后，孩子就可以"用脚投票"了。换句话说，新手父母让孩子自己学习怎么做，不用刻意考虑自己的行为对孩子的影响。无论用哪种方法，父母都是通过日常的行为选择为孩子创造自己的家庭传统的。成功的父母会有意识地做出选择，确保孩子从自己身上继承最好的家庭传统。

毕竟，他们是我们的孩子啊！

我们最重要的建议是：给孩子最珍贵的礼物，就是父母双方之间快乐且牢固的关系。

因为当父母之间发生冲突时，大部分婴儿会遭受很大的痛苦。各项研究都发现，父母之间的愤怒情绪、敌意和争吵会恶化亲子互动。这些都会让婴儿处于危险的情绪环境之中。例如，当婴儿目睹或听到父母争吵时，他们的血压会上升。由于父母彼此疏远或情绪沮丧，无法与婴儿面对面地玩耍，婴儿会因此感到困惑。不开心的父母常常会误读婴儿的情绪线索，因此会错误地回应婴儿的需求，有时甚至完全不回应婴儿的需求。总体来说，这样的父母与孩子的互动非常负面，不够积极。

这个问题严重吗？如果婴儿不能讲话，他们如何知道父母之间的敌意？如果他们能够感知到这种敌意，他们能够适应吗？他们还这么小，会不会比成人具有更强的恢复力？

我们现在已经知道，即使父母仅仅有轻度的抑郁迹象，如果未得到治疗，也会给婴儿带来巨大的影响，婴儿会回避父母：一开始是回避父亲，随后会回避母亲。婴儿自己也会变得抑郁，且在生理上也会不太健康。因此，目睹父母的冲突会给婴儿带来情绪、认知和行为发展上的长期风险。

我们的研究还发现，父母关系较差会给双方的育儿能力带来影响。**父母育儿能力受损，会干扰婴儿的自我调节能力和保持镇定的能力。**假设婴儿因为过度刺激和不适将视线移开，关系不好的父母理解不了这个信号，甚至不尊重婴儿试图移开视线或自我冷静的行为。有些父母认为，婴儿转移视线是因为他们不喜欢父母。我们在实验中甚至观察到，有的父母会强行将婴儿的头掰回来，确保婴儿可以和他们有眼神接触。婴儿本来想通过转移视线的方式进行自我舒缓及适应过度刺激，父母却剥夺了他们的这种尝试。于是，婴儿被迫采用更加极端的对抗方式，如提升抗议等级或回避。

在这种情况下，婴儿失去了意识到自己的行为可以影响外部世界的机会。如果这种情况变成亲子关系的常态，婴儿会觉得自己无法顺利地表达情绪，并认为自己的情绪不重要。

这个问题的后果很严重，因为它会影响婴儿的发展。婴儿出生后的前3年是基础神经发育的重要时期，在这个时期，婴儿会发展出自我舒缓、集中注意力的能力，开始相信父母爱自己，并且会养育自己。此外，他们还会和父母建立情感上的联结。**如果父母之间的关系不愉快，婴儿就可能无法正常地发展出神经系统，很难在未来获得成功的学业、健康的人际关**

系和幸福的人生。

以上这些研究都表明，婴儿需要父母维持健康的关系。只有父母双方互相珍惜，婴儿才能够在幸福的摇篮里更好地成长。

婴儿出生后，父母双方实际上登上了同一条船，都会感受到压力、强烈的情绪、困难和欢乐。不过，双方可以选择主动去应对这些挑战。压力是无法消除的，因为它是为人父母过程中无法回避的部分。好在很多人不再认为压力都是对方的错，也不是双方关系的错。双方可以想办法提高自己对关系的认知，学习维持健康的关系的技巧，让婴儿在甜蜜的环境中成长。

第2步

亲子无间

AND BABY MAKES
THREE

在"带宝宝回家"的研究过程中，我们有幸认识了222名婴儿。他们让我们对人性的信仰有了全新的认知。他们太神奇了。我们以前曾认为他们又小又无助，但研究结果却令我们大吃一惊：婴儿在出生时已经具有了足够的生存能力。父母相应地也具有足够的养育能力，而且，人类父母实际上先天具有和婴儿进行互动的能力。

20世纪60年代中期，科学家曾对婴儿进行了细致的观察，并大为震惊。通过观察，科学家了解到了以下事实：婴儿出生仅42分钟后，就可以模仿成人的面部表情。这种模仿不仅仅是一种简单的反射，比如一笑而过，实际上，婴儿也会通过重建内在的生理唤起模式模仿成人的内在体验。这意味着，他们也在模仿成人的内在状态。婴儿出生后的几分钟内，如果有人扶着他们的头，一旦听到母亲的声音，所有的婴儿（100%）都会将头转向母亲；如果听到的是父亲的声音，绝大部分婴儿（80%）会将头转向父亲；而如果听到的是医生的声音，他们却不会将头转向医生。也就是说，刚出生的婴儿就已经知道以后谁会抚养自己长大了！

科学家发现，如果向正在吸奶的婴儿展示特定的视觉图像，婴儿很快就会"适应"图像，并对其产生厌倦，随后他们会继续吸奶，不会再看图像。但如果此时向他们展示一张稍微不同的图像，他们就会停止吸奶，随之心率会降低，眼睛会睁大，充满好奇，并转向新图像。他们已经在头脑中构建出了一个视觉图像模板。当图像发生改变时，他们会感到惊讶，然后会将头脑中的模板换成新图像。通过观察婴儿的不同表情，科学家可以知道婴儿看见了什么，比如是苹果还是橘子。

在进行布雷泽尔顿新生婴儿行为评估（Brazelton Neonatal Behavioral Assessment for Newborns）时，科学家向婴儿展示了一个移动的红色小球后，他们的眼睛会随着小球的移动来回转动，注意力完全集中，且饶有兴趣。但当向他们展示父母的脸的照片时，他们会兴奋、激动起来，且全身心地投入其中。这种投入是任何小球都无法引起的。此时，他们已准备好开始玩儿了，毫无疑问，父母应当积极行动起来，加入和他们的互动之中。

从一出生，婴儿就希望与父母进行互动。对他们来说，父母的脸就像毕加索的画一样令人着迷。**没有什么玩具比父母的脸更能令婴儿感到兴奋了，也没有任何音乐比父母的声音更让他们感到兴奋。**

尽管为人父母常常会有很多担忧，但研究结果显示，人类父母实际上是非常称职的。例如，人们本能地会用一种特别的方法和婴儿玩耍。人们在讲话时会不自觉地提高音调，并拉长声音，如"小——宝——贝——，可——爱——的小宝贝——，你看见什——么——了呀——，小——宝——贝——？"婴儿很喜欢这种讲话方式，因为高音调的声音更容易被听见，而且夸张的发音也能帮助他们学习发声和词汇。父母也会和婴儿面对面专注地玩耍，且互动游戏会不断变化，越来越复杂。

人类可以做出许多不同的表情，其中有 5 种表情最容易引起婴儿的兴趣。第 1 种是假装惊讶：睁大眼睛，挑起眉毛，张大嘴巴，然后一直保持住；同时还要提高音调，发出"啊——"的声音。第 2 种是微笑：咧开嘴，露出牙齿，眼角挤出皱纹。第 3 种是皱眉：压低眉毛，向中间挤眉，然后发出"噢——哦——"的声音，结束时还要压低音调。第 4 种是表示同情的表情：将惊讶表情和皱眉结合在一起，好像在说"可怜的小宝贝"。第 5 种是中性表情。婴儿非常喜欢这些表情。

值得一提的是，婴儿非常讨厌僵化的表情。心理学家爱德华·特罗尼克（Edward Tronick）曾做过一项名为"静止脸"（Still Face）的实验。在实验中，研究人员要求父母看着自己 3 个月大的婴儿，不能动，也不发出任何声响。特罗尼克发现，大部分婴儿会采取同样的方式"回应"自己的父母，然后，他们会胆怯地看向别处。他们可能会笑起来、发出咕咕声、抬头或往上看。如果这么做不能让父母做出反应，婴儿会小声啜泣，开始吵闹，甚至大哭起来。所以说，婴儿希望父母能持续地和自己互动，而不是冷冰冰的。

长到差不多 6 周大的时候，婴儿会开始睁大眼睛一直盯着父母。按儿科医生的说法，此阶段的婴儿眼睛"炯炯有神"。最终，婴儿和父母真正联系起来了。到 12 周大的时候，婴儿不再像之前那样只有在离父母约 20 厘米时才能看见父母，这个距离大约是从婴儿的脸到母亲的乳头的距离。当父母在屋子里走来走去时，婴儿会追逐父母，并且会远远地朝他们微笑。

约 6 个月大时，婴儿的注意力会再次发生转移。他们开始关注周围的物体。在这个阶段，他们不仅想和父母玩耍，还想和世界上所有的事物玩耍，并开始认识这个世界。他们学会了用微笑哄骗父母和自己一起玩耍。

我们在瑞士洛桑市曾见过一位名叫瑞吉娜的女婴，当时她只有 6 个月大。她太棒了，简直可以赢一枚和平奖。瑞吉娜的父母刚开始正在闹矛盾，然而瑞吉娜竟然用自己的快乐化解了父母的矛盾：她先让母亲和自己一起玩耍，然后转过头微笑着看着父亲，"邀请"他也加入游戏。很快，瑞吉娜的父母不仅和瑞吉娜一起笑，也互相开怀大笑起来。此时，他们的幸福感大大增加了。瑞吉娜功不可没，她简直是最年轻的婚姻家庭咨询师了。

放下一切，专注地和孩子在一起

与成年人相比，孩子有两点显著的不同。第一，孩子的时间观和成年人大不相同。对孩子来说，时间过得仿佛很慢，他们需要更多的时间做出反应以及理解周围发生的事情。当母亲对着婴儿吐舌头时，婴儿会模仿同样的动作，但他们需要 40 秒才能将小舌头吐出来。通常，成年人太忙了，会忽视婴儿的回应。在和婴儿玩耍之前，成年人需要先慢下来。如果关掉手机、电视，放缓步调，成年人会有更强烈的生命体验，对婴儿来说也一样。

第二，孩子比成年人能够更加专注于当下，享受当下。与成年人不同，孩子并不会同时关注几件事，他们不需要列购物清单，不需要日程表，也没有待办事项，更不需要打造自己的人生简历。此时此刻，他们正和父母在一起。

如果我们能停下脚步，不再忙忙碌碌，只是单纯地享受和孩子在一起的时光，那该有多幸福，孩子也会非常高兴。他们会感受到父母对自己的关注，因为父母真的在花时间了解自己。

关于怀孕和生产的误区

不久以前,"享受和孩子在一起"的观点似乎大错特错。正如一句古老的格言所说,"大人在讲话,小孩别插嘴"(to be seen, not heard)。但实际情况可能更糟。

长久以来,社会一直忽视了孕妇的存在。这听上去似乎很不可思议,因为如今的杂志封面上时常可见到光彩照人的明星孕妇照。可在 20 世纪 50 年代,孕妇是被禁止进入学校的。当时的人们认为,孕妇出现在学校令人厌恶,因为孕妇会让孩子联想到性。可是,很多孩子放学回家也会看到怀孕的母亲。对此,人们又不觉得厌恶了。在当时,美国哥伦比亚广播公司(CBS)不允许电视节目中出现"怀孕"这个词,这种要求随后遭到了起诉。美国喜剧演员露茜尔·鲍尔(Lucille Ball)是第一位出现在聚光灯下的孕妇。当时她怀着孕,身形巨大,甚至无法从沙发上站起身来去开门,看上去十分滑稽。然而,正是由于她勇敢地和 CBS 抗争,大众才得以第一次在电视上看到了一位怀孕的明星。露茜尔并没有假装怀孕,而是真的怀孕了。

当时,医护人员对孕妇也冷漠对待。怀孕被描述成是一种疾病,分娩的行为被去人格化。儿童发展学家莎伦·赫勒(Sharon Heller)曾写道:"医院、男医生、剖宫产、硬膜外麻醉、催产素、会阴切开术……这些词汇只是医学工业化的结果,与分娩毫无关联。"当然,医学技术提高了母婴的生存率,但这种进步的代价也很大。接生只被认为是医生进行技术精准的医学操作而已,和机修师打开汽车引擎盖、取出化油器没有区别。

"巨蟒剧团"(Monty Python)曾拍摄过一部电影,叫《人生七部曲》(*The Meaning of Life*)。电影里有这样一个荒谬的场景:两名穿好手术服的产科医生在产房里讨论复杂的医学设备问题，旁边的一台机器一直发出"哔哔"的声音。院长走进产房，想确认医生注意到了作响的机器。他们发现，每个设备都运转正常。可是，产妇在哪里？原来，产妇仍然在医院的走廊上，痛得大叫。难以想象！

赫勒写到，现代医学设备"本应降低产妇在生产过程中的焦虑，实际上却没有做到。人类需要获得他人的安慰才能感到安全"。这一事实一直没有引起人们的重视，直到1970年马歇尔·克劳斯（Marshall Klaus）和约翰·肯内尔（John Kennel）的研究出现，情况才有所转变。

克劳斯和肯内尔常常会让医学生负责指导待产孕妇，并向她们解释待产流程。这种解释通常是流程化的，并不掺杂任何情感。但其中一名医学生并没有遵照他们的指导，而是会和产妇待在一起，给予她们安慰和情感支持。刚开始，克劳斯和肯内尔对他的做法感到十分恼火。随后，他们检查了这名医学生的临床数据，结果发现，这名医学生照料的孕妇的恢复状况比其他医学生照料的孕妇好很多。这名医学生并不会魔法，他只是用了数百年来产妇陪护的传统技巧：同情。产妇陪护会在产妇生产时为其提供情感支持，也称"导乐"。随后，克劳斯和肯内尔在医院的生产程序中引入了产妇陪护，并且记录了孕妇在产妇陪护的支持下的感受。结果，他们的发现打破了人们对医学"进步"的假设。

古语有言："新朋友是银，老朋友是金。"对于某些治疗传统来说，这句话也许没错。克劳斯和肯内尔的研究发现，引入产妇陪护后，产妇的硬膜外麻醉需求降低了60%，生产时长缩短了25%，止痛药使用率降低了30%，产钳使用率降低了40%，剖宫产比例降低了50%，催产素使用率降低了40%，产后抑郁症的情况也大幅降低。在没有产妇陪护的对照组中，63%的新生儿出现了喂养问题，而在有产妇陪护的实验组中，只有16%的新生儿出现了喂养问题。现代医疗技术当然有用，但传统的情感支持方

　AND BABY MAKES THREE
幸福的家庭

法同样有用。产妇陪护对母婴的帮助都很大。

我们究竟应该怎么做呢？如果医生对待孕产妇冷酷粗暴，不仅会让孕产妇受苦，也会让胎儿遭殃。**如果医生能够支持孕产妇，并能给予其抚慰、保证、关心、体谅、尊重和爱，那么，母婴都会因此获益。**

这一点不仅适用于孕产妇和新生儿，也适用于所有父母和孩子。医学界花了很长的时间才接受了这一事实。

爱与依恋的力量

医疗育儿的发展并非一帆风顺。长久以来，人们一直在进行各种护理尝试，却无法获得正确的护理知识。例如，医院一度禁止父母探访自己正在住院的孩子。即使孩子沮丧或哭闹，父母也不能探视他们，更不能抱他们。将孩子和父母隔离开是当时的标准医疗程序，甚至连医生和护士都不能抚摸孩子。听上去是不是很严酷？

但这背后却隐含着重要的护理意义。20 世纪早期，医院的细菌感染非常普遍。医生想尽一切办法来降低感染。可当时既没有抗生素、疫苗，也没有巴氏杀菌乳和氯化水，医生在感染面前束手无策。医院内外，儿童的死亡率都很惊人。1850—1900 年，25% 的婴儿在 5 岁前就夭折了，其中大部分死于 1 岁前。直到 1946 年后，青霉素的成本大幅降低，使用率大幅增加，才扼制了这种趋势。

20 世纪 20 年代后期，面对婴儿的高死亡率，医生束手无策，隔离是他们想到的能够降低感染的唯一方法。不管怎样，隔离真的有效。因此对于生病的孩子，当时唯一的选择就是将其隔离在医院。

与此同时，心理学家约翰·华生（John Waston）的研究成果成为当时的主流思想。在当时，华生是美国心理学会主席。20世纪30年代，他曾大力倡导"严厉的爱"（tough love）。他认为，母亲无条件地爱抚孩子的本能是邪恶的。他的教育理念和老话一致："不打不成器。"他认为，父母拥抱并抚摸孩子，会让孩子变得依赖又黏人，最终变成可怕的小恶魔；父母这么做是在养育未来的罪犯，会加剧美国社会的崩溃。

因此，为了美国的前途，父母要停止抚摸孩子。父母不应当"溺爱"（华生创造了这个词）孩子，而应当教导他们成为"理性、自律、自控"的人。一本名为《妻子手册》（The Wife's Handbook）的书则提出，"溺爱"是指孩子一哭父母就抱，也指父母允许孩子在自己怀中入睡。华生提出，孩子哭了，父母千万不能抱；父母千万不要听从自己的直觉；父母绝对不要抱着婴儿入睡。即使孩子在某件事上真的做得很棒，父母也不要过度地赞美，轻轻地拍一拍他们的肩膀就可以了——记住：要用严厉的爱对待孩子。

华生的观点在医院大受欢迎，医护人员可用它来劝服父母将自己生病的孩子留在医院，因为亲吻会传播病菌。20世纪40年代，据专栏作家兼社会活动家黛博拉·布卢姆（Deborah Blum）的记载，当时医院的标准政策是，只允许父母1周看孩子1小时！

这种隔离政策在某种程度上的确起到了一定的作用。当孩子与外界隔离开来，感染率降低了，死亡率也降低了。人们将华生当作英雄。无论在哪里，医生都会劝父母听从华生的建议。即使孩子生病了，父母也不要抚摸他们。无论孩子受伤还是难过，父母都不要将他们抱起来。

但过了一段时间，医生又发现了新的问题。在隔离期间，许多孩子的病情暂时得到好转，随后却急速恶化。慢慢地，孩子们变得沉默寡言，无精打采，并出现了退缩行为。他们不再微笑，悄悄地"枯萎"了。没有任何明显的医疗原因，医院的儿童死亡率又上升了。

如果不是第二次世界大战的爆发，隔离的阴影恐怕没人能发现。纳粹轰炸伦敦时，70万儿童被迫转移到了乡村，和其他成年人待在一起，远离炸弹的恐惧，生活无忧。

然而，精神病学家约翰·鲍尔比（John Bowlby）注意到，生活在乡间的孩子的精神状态同样"枯萎"了，他们变得和那些被隔离在医院的孩子一样。鲍尔比声称，这都是因为孩子被迫与母亲分离。这种观点在当时非常激进。没人愿意听从鲍尔比的观点。人们认为鲍尔比过度情绪化，且认为他的观点不科学，完全无法与华生相比——事实上，华生的观点也没有科学依据。

直到第二次世界大战以后，鲍尔比和玛丽·安斯沃斯（Mary Ainsworth）通过研究证明了他们的假设是正确的。他们观察了婴儿是如何回应与母亲的短暂分离和重聚的。部分婴儿和母亲之间建立了安全型依恋关系：当母亲离开时，婴儿会想念母亲；当母亲回来时，婴儿会感到欣慰。这意味着母亲和婴儿之间的关系很健康。而某些婴儿则缺乏安全感，他们会表现出两种依恋模式：回避型依恋，即对母亲的返回漠不关心；焦虑－矛盾型依恋，即对自己与母亲分离感到沮丧，但对自己与母亲重聚并不觉得欣慰。

科学家随后发现，后两种"不安全型依恋"模式会影响婴儿的后续发展，等他们进入青少年期或成年期，往往会出现精神问题。与之相反，安全型依恋的孩子长大后的适应能力比较强，更加独立，且比"不安全型依恋"的孩子更具有探索世界的能力。这项研究为鲍尔比的观察提供了实证支持。安全型依恋是一种关系特性，而非婴儿特性。**缺乏安全型依恋关**

系，孩子会终生受苦。

到了 20 世纪 50 年代，科学家有了更多的发现。威斯康星大学的心理学家哈里·哈洛（Harry Harlow）[1] 利用恒河猴幼崽进行了一系列实验，研究的主题是母爱，研究结果令人震惊。在鲍尔比和安斯沃斯的努力之下，其他心理学家也意识到婴儿对母亲的依恋很重要，但他们认为，母乳是连接母亲和婴儿的纽带——婴儿需要的只不过是食物。他们太小了，无法和他人建立情感连接。婴儿只认得乳头。而哈洛用实验巧妙地反驳了这种观点。

在实验中，哈洛为恒河猴幼崽提供了两种不同的替代性"母亲"。第一种是由铁丝构成的，有乳头，当恒河猴幼崽吮吸时可以供奶。第二种是绒布做的，只能够提供所谓的"接触安慰"，而没有奶。恒河猴幼崽可以选择任意一种。结果，它们选择了绒布做的替代性"母亲"，而不是铁丝做的替代性"母亲"，尽管后者有奶。当感到恐惧时，它们也会跑向绒布做的替代性"母亲"，而非冰冷的铁丝做的替代性"母亲"。和绒布做的替代性"母亲"待在一起的恒河猴幼崽展现出更强的适应性，尽管和铁丝做的替代性"母亲"在一起的恒河猴幼崽有奶喝。

这项研究的结论十分明确：**婴儿和儿童需要无限的情感、安抚、爱和支持，而母亲本能性地就可以提供这些。**

现在我们知道，许多被隔离在医院的儿童并非死于疾病，而是死于抑郁和强烈的孤独感。这些孩子被剥夺了获得抚触的机会，他们极度渴望情感，最终却因为未得而死去。

---

[1] 比较心理学家，曾任美国心理学会主席。他的研究对当代育儿理论产生了巨大影响。——编者注

华生彻头彻尾地错了。他的建议不仅有害，甚至致命。不幸的是，他的研究影响了美国每一家儿童抚养机构。

时至今日，华生的理论依然大有市场。每次我们在公开演讲时都会遇到类似的挑战，比如有的父母觉得自己实在太"溺爱"孩子了：孩子一哭就抱，一跌倒就去搀扶和安慰，这样会把孩子惯坏的。他们觉得这样做是屈服于孩子的"操纵"。他们知道自己应当遵循现代儿科医生的建议，任由孩子哭着独自入睡，但他们就是做不到。

我们也做不到。

研究表明，父母的直觉是正确的。"溺爱"这一概念本身就有误导性。我们反复向其他父母强调，婴儿哭泣实际上是在发出求救信号。如果忽视婴儿的哭泣，那么就是在告诉他们，外部世界不会回应他们的需求。实际上，回应婴儿的需求绝非溺爱。**父母和婴儿的情感连接以及父母对婴儿的情绪信号的回应，是帮助婴儿独立以及增强婴儿适应性最有效的方法。**

任何人在任何年龄都有不想被触摸的时候，我们并不提倡每时每刻都去触摸他人，尤其是在触摸不受欢迎时。性骚扰和性侵幼童的丑闻时常会出现在头版头条，而仅仅几个丑闻就有可能对大众造成负面影响。在美国，幼儿园和小学的负责人会警告员工不能触摸孩子，即使孩子受伤了也不行。

但正如我们已了解到的，当婴儿和儿童感到沮丧时，他们会渴望身体上的安慰。一般来说，口头安慰很好，但婴儿对触摸的反应更好。心理学家蒂法尼·菲尔德（Tiffany Field）评估了 60 种不同的口头安抚和 60 种不同的身体安抚的作用效果，结果发现，只有 3 种口头短语可以安抚婴儿，而多达 53 种身体安抚可以起到很好的效果。

当时，菲尔德的孩子早产，她发明了独特的婴儿按摩技巧。在她那个年代，父母是禁止抚摸早产儿的。早产儿被放在一个塑料保温箱内，他们看起来仿佛一碰就会折断。不过，菲尔德本能地找到了更好的方法，并用研究证实了自己的做法。**她发现，父母学会婴儿按摩技巧后，只要每天按摩婴儿 15 分钟，婴儿的体重在 10 天内就会增长 47%。**而得不到按摩的婴儿长得很慢。此外，接受按摩的早产儿出院更早、更健康，和父母的关系也更密切。直到今天，人们已经进行了超过 90 项类似的实验，结果都证明按摩对孩子有益。

看着婴儿接受按摩真是一件很棒的事。他们看起来就像快乐的小猫，发出"呼噜呼噜"的声音，欢快而放松。另一种和婴儿建立情感连接的方法是面对面玩耍。

面对面地和孩子一起玩

面对面地和婴儿玩耍，会让他们明白，外部世界会回应自己，且不会忽视自己的愿望——此时，父母就是婴儿的整个世界。如果人们可以做到以下两点，婴儿会受益多多：

- 保持热情，为婴儿提供情绪支持。
- 及时回应婴儿的信号。

婴儿的神经系统还不成熟，他们很容易受到过度刺激。他们的"接收系统"好像过度敏感的天线一样，一旦信号太多，他们就只能听见干扰声，令人烦躁。很多时候，婴儿会试图关闭所有信号，重启接收系统。他们会将头转向别的方向，这并不是因为他们不喜欢父母，而是因为他们需要暂时回避并冷静一下。过一会儿，他们会主动转过头来继续对着父母。

他们也可能会吮吸自己的手指或玩具，以进行自我舒缓。这些都是他们回应刺激的方式。

　　婴儿需要父母的支持才能进行自我调整。当婴儿转过头去，如果父母并不尊重他们的想法，强迫他们注意自己，那会怎样？实际上，父母这么做会剥夺婴儿进行自我舒缓。婴儿会哭泣，变得更加吵闹，最终会大声尖叫以释放压力。婴儿会认为自己无法控制外部世界，更糟糕的是，他们会认为外部世界的人并不在意自己的感受。如果这种事情只是偶尔发生，问题还不大，尤其是如果父母发现了这个问题，并及时纠正了自己的行为，那么后果并不严重。但如果父母经常妨碍婴儿的自我舒缓行为，那么婴儿会感到别无选择，只能退缩了，他们由此会认为，处理困难的唯一方法就是远离所有人和所有事。实际上，没有人希望自己的孩子形成这样的认知。

　　除此之外，这么做的风险还有很多。研究表明，婴儿出生后的前 3 年是基本神经结构发育的重要时期。这些神经结构有助于婴儿发展自我舒缓的能力以及学会集中注意力，并与父母建立信任和安全型依恋，从而信赖父母的爱和养育。**换句话说，婴儿对父母的爱和尊重的体验是形成大脑组织的基础，这决定了他们在未来将如何回应外部世界。**

　　当人们感受到情绪时，大脑额叶会被激活。脑波研究显示，当个体体会到退缩情绪时，如悲伤、恐惧或厌恶，右侧额叶会兴奋。而当个体体验到与世界互动相关的情绪时，如感兴趣、愉悦、喜爱、快乐和愤怒，左侧额叶则会兴奋。婴儿的反应也一样。心理学家内森·福克斯（Nathan Fox）和理查德·戴维森（Richard Davidson）发现，当婴儿醒着且感到放松时，如果他们的右侧额叶活跃，这时母亲离开房间的话，他们就会哭闹；但如果他们的左侧额叶活跃，母亲离开房间则不会给他们带来困扰。换句话说，婴儿究竟是用悲伤（退缩情绪）还是用快乐（互动情绪）来回应外部世界改变，可以通过他们的左侧额叶或右侧额叶的活跃度来进行预测。

研究还发现，抑郁人群的右侧额叶的脑波更加活跃。他们会用"退缩情绪"应对每天的经历。与此相反，非抑郁人群的左侧额叶的脑波更加活跃，他们更乐于与外部世界进行互动。

这一研究结果揭示了一个很重要的信息：**父母如何回应婴儿的哭声及如何和婴儿玩耍，会强化婴儿对未来世界的态度。**忽视婴儿的需求只会让他们学会退缩，更有可能令他们变得抑郁。而及时回应婴儿的需求，他们就能学会积极地与世界互动。

纵向研究发现，面对面地和婴儿玩耍也会影响他们对世界的回应。当父母和婴儿一起玩耍时，婴儿可以感受到最大的乐趣，父母也一样。这种玩耍会给婴儿带来很大的正面影响。相反，以下两个问题会摧毁婴儿和父母的乐趣。

第一个问题，是父母之间的游戏不协调。如果父母没有一起参与一个游戏，而是相互竞争以赢得婴儿的注意力，婴儿就会讨厌这个游戏。当父母一方退出游戏或阻止对方继续和婴儿玩耍时，婴儿会用他们的肢体语言表示抗议，如拱起背、皱眉甚至大哭大闹，好像在表示："你们给我搞砸了。别闹了！"

第二个问题，是过度刺激。当父母忽视婴儿要求停止的信号时，婴儿起初会巧妙地发出信号，如果父母继续忽视他们的反应，他们会加大音量；如果这样还不行，他们就会选择退缩。这样很不好，因为父母会失去和婴儿之间的连接。

那么父母究竟应该怎么做？婴儿还不会说话，父母怎样才能知道婴儿烦了，需要休息一下呢？

玩耍要适度

通过观察婴儿与父母的玩耍，我们了解到了婴儿是如何表达他们需要休息的。以下是一些信号：

- 看向别处。这种信号通常很容易察觉，比如将头转向一边，或者本来在看父母的脸，之后转向看父母的衣服。

- 用手遮住脸。婴儿将手放在脸上，好像在试图遮蔽自己。

- 推开某样物体。当婴儿的身体活动变得更加协调之后，他们可能会推开玩具或其他物体，意思是不想和它们玩耍了。

- 皱起额头。当婴儿额头中部（鼻子上方）皱起来时，意味着他们生气了，这通常发生在过度刺激的情况下。这时，婴儿看起来很悲伤或愤怒。而当婴儿的额头只是轻微地皱起来时，则意味着他们在集中注意力，并不是负面信号。

- 拱起背。当婴儿拱起背，身体紧张起来，意味着他们生气了。

- 无理取闹。此时，婴儿的声音听起来像是要开始抗议或开始哭泣了。

- 表现出混合情绪。例如，婴儿的表情在愉快和恐惧之间来回切换。

- 哭泣。婴儿的哭声可以揭示出他们的沮丧程度。婴儿会从小声啜泣逐步发展到放声大哭，这中间会有一秒钟"用力吸气"的情形出现。然后，他们会彻底放声大哭，听上去又刺耳又痛苦。这就是"瓦尔萨尔瓦哭泣"（Valsalva Cry）。此时，婴儿的肺部会产生抵抗阻力，就像人们用力吹气球或提重物时的感受一样。这对婴儿来说压力非常大，会导致他们的血压上升及白细胞数量增加。

对婴儿来说，过度刺激并非总是一件坏事。通过这种方式，婴儿会在情绪和认知上"向外伸展"，从而扩大舒适圈，并形成更复杂的心理结构。

总的来说，父母应当时刻关注婴儿的过度刺激。修复过度刺激的方式就是冷静下来，让婴儿休息一下。当婴儿安静下来并准备好和外部互动时，父母可以慢慢地重新吸引他们的注意力，并恢复与他们的互动。为了修复过度刺激，父母需要暂停，任由婴儿看向别处并进行自我舒缓。如果婴儿还没有发展出自我舒缓的能力，父母可以伸出手指，让他们吸吮，或者给他们安抚奶嘴。父母也可以将婴儿抱起来，贴近自己的左胸，让他们感受父母的心跳。父母还可以轻轻地摇晃婴儿，轻柔地对他们说话或哼歌。这些都能帮助婴儿平静下来，也有助于他们学习如何进行自我舒缓，并且让他们明白父母非常在意他们的感受。

以下这些都是父母可以做的：

- 保持镇静。父母镇静的言语举止有助于婴儿平静下来。

- 让婴儿吮吸某样东西。

- 抱紧婴儿。温柔地抚摸婴儿。

- 放轻音调。当婴儿再次看向父母时，继续用舒缓的音调和他们互动，并且允许他们看向别处，这也有助于他们恢复。

- 模仿婴儿。模仿婴儿当下的行为，很容易引起他们的兴趣。

- 调和。调和是模仿的一个转折点。当父母用不同的方式模仿婴儿时，婴儿会感到很高兴。例如，当婴儿有节奏地敲打勺子时，父母可以用声音来模仿同样的节奏，会激发他们的兴趣。

当婴儿准备好再次和父母互动时，他们会发出各种信号，如通过以下几种方式：

AND BABY MAKES THREE
幸福的家庭

- 再次看向父母或刚才玩的玩具。这是一种特别清晰的信号。

- 表情镇定，呼吸平静。当婴儿的表情镇定下来且可以均匀呼吸时，他们或许已经准备好再次和父母互动了。

- 身体放松下来。

父母在意识到婴儿开始变得烦躁或看向别处时，常常会"用力过猛"，试图通过换其他游戏或增加游戏强度来吸引婴儿的注意力。婴儿通常并不喜欢这样，因为这实际上会更强烈地刺激到他们。以下几点包含父母常犯的错误。父母要记住，即使发现自己正在做这些事情，也不意味着大祸临头，而是意味着父母应该及时止损了。

- 当婴儿将头转向别处时，不要紧跟着将自己的头"挪"过去。因为这意味着婴儿不能看向别处，不能得到自己想要的休息时间。

- 不要将脸紧紧地贴近婴儿的脸，这会使婴儿难以转移注意力。

- 当婴儿发出过度刺激的信号时，不要增加游戏强度或增加刺激。

- 当婴儿发出过度刺激信号时，不要立即换其他游戏。例如，一开始玩躲猫猫游戏，然后又拿玩具逗婴儿，接着又开始唱歌跳舞。

- 不要试图移动婴儿的身体，使得他们不得不看向你。这同样意味着婴儿不能看向别处，他们是无法平静下来的。婴儿并不喜欢别人限制自己。

- 不要不断地戳婴儿，试图吸引他们的注意力，或者反复地为他们擦嘴。嘴上分布着许多神经，刺激嘴部对婴儿来说具有唤起作用。

婴儿通常会完全沉浸在游戏中，对他们来说，游戏是冒险，而非任务，因此并不需要完成什么。在游戏过程中，时间自然而然地流逝，不存在所谓的"正确玩法"。父母可以唱歌、跳舞、装傻充愣、抚摸婴儿、吹泡泡、哈痒痒、玩躲猫猫或用力地亲吻婴儿的肚皮等，所有游戏都可以玩。

不过，父母并不需要什么事都做得完美，足够好就已经很棒了。事实上，和婴儿玩耍的过程很像打棒球。棒球一般来说最高的命中率是 0.3，也就是说，实际上 70% 的时间里击球手并没有打到球。心理学家爱德华·特罗尼克发现，**母亲和 3 个月大的婴儿玩耍过程中，约有 70% 的时间会出现不协调的情况**。概率和棒球的命中率一样！如果母亲注意到这些不协调之处，并尽力修复，那么婴儿在 1 岁时就会比较开心，且能够与母亲形成安全型依恋关系。因此，关键在于修复。父母只要尽力就好，如果犯了错，尽力弥补。

父母要记住，最重要的是以下两点：

- 保持热情，为婴儿提供情绪支持。
- 及时回应婴儿的信号。

冷却冲突

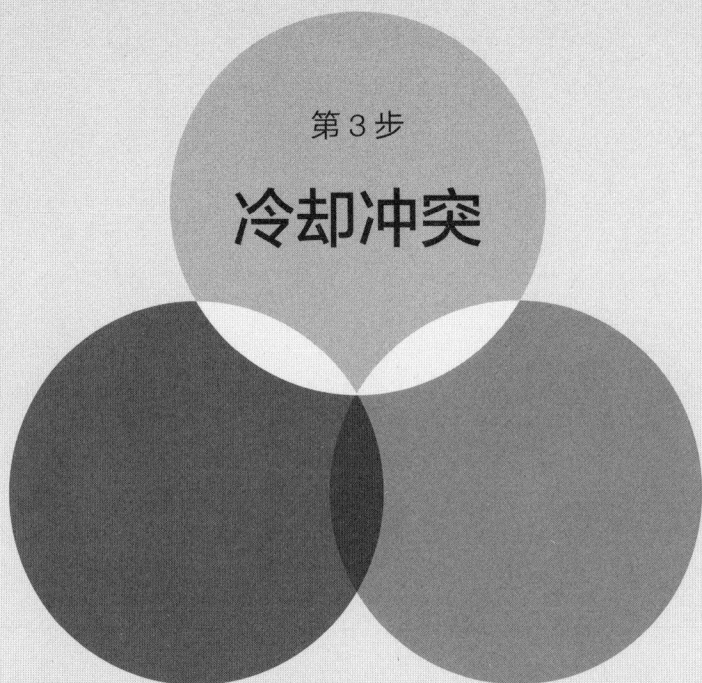

AND BABY MAKES
THREE

大多数争吵源于态度而非内容

一对年轻的夫妻依偎在一起，他们的孩子刚出生，浑身仿佛散发着光芒。屋里的电视机开着。这时，丈夫拿起了遥控器，想要换台。

妻子温柔地说道：亲爱的，你能不要换台了吗？

丈夫疑惑地问道：为什么？我就想看看有什么好节目，也许哪个台正在放好电影呢。

妻子又温柔地回复道：可是亲爱的，你换台换得我头晕，我们就随便看一个台吧。

丈夫：可这些节目我都不喜欢，我想再找找。

妻子开始发牢骚：看什么节目有什么关系呢？别换台了，就看这个好了。

丈夫：好吧，好！

妻子：你这个"好"听起来和"闭嘴"一样。

丈夫：我可没有叫你闭嘴，你太情绪化了。

妻子：我一点儿也不情绪化。我太了解你刚才那种腔调了。你讲话的语气好像我是你的员工一样。我不喜欢你这样和我讲话。

丈夫：我不喜欢你一直唠唠叨叨。你让我一个人待着好了。

妻子：去你的！我要是不唠叨，你根本不会理我。

丈夫：你别瞎嚷嚷了！你就不能控制控制你自己？

妻子：你这个混蛋在我眼前晃，我怎么控制自己！

这时，婴儿开始变得焦躁不安起来。

丈夫：你看看你干的好事！

妻子：是你先挑起来的。我一直很冷静，是你乱发脾气。

丈夫：是你！你就像一条眼镜蛇一样，有一点儿风吹草动，你就要把头昂起来。

妻子：有人不在乎，我为什么不去攻击啊？

婴儿的脸皱了起来，心跳仿佛要暂停了，他开始手足无措。

以上这对夫妻就像在擂台上跳步绕圈、互相攻击的两名拳击手，没有一个人是无辜的。一个人出一个单手刺拳，接着挡住对方，再来一个左勾拳。双方都觉得自己没有做错，只有对方才是问题所在。渐渐地，双方开始打得更加激烈，甚至会在拳套里戴上铜指套，恨不得给对方致命一击。

这样的争吵往往会发生在双方精疲力竭、压力过度且不知所措的时候。争吵常常是毫无来由的。如果婴儿也在旁边，父母往往会感到尤其苦恼。目睹父母的争吵，婴儿也会累积压力。

婴儿的到来并不会给父母双方带来争吵的新话题。实际上，从 20 岁到 80 岁，大多数伴侣争吵的话题基本都一样。刚提到的这对夫妻和我们在实验室里观察到的其他夫妻很像。**21% 的夫妻争吵的原因都集中在双方的态度上，而非具体的事情上。**大部分争吵都是这样的。

也就是说，重点是争吵的过程，而非内容。双方太过愤怒了，以至于根本不在乎争吵的内容。双方张牙舞爪，争执于冲突是如何产生的，对方的攻击是如何破坏双方关系的，以及双方是如何从盟友变成敌人的。双方都认为对方将自己的努力看作是理所当然的。拿跳舞作比，双方争吵的点在于舞跳得怎么样，而非该选择哪种背景音乐。

所以我们认为，争吵的过程是第一大问题。但真正引起我们兴趣的是，成功的夫妻在转型成为父母的过程中是如何管理双方的冲突的。他们有时也会为同样的问题发生争执，但争吵的方式却不一样：他们的争吵更温和、更有趣。尽管他们也会充满愤怒，但他们的言语并不刻薄，更像是在为自己主张权利。不妨让我们来看一看，在同样的场景下，成功的夫妻是如何解决冲突的。

妻子：亲爱的，你能不要换台了吗？我有点儿头昏。

丈夫：拜托，宝贝。我想看看电视台都在放什么。总共也就 100 来个台可以换。

妻子：好吧。那我去厨房拖地好了。

丈夫：你是不是又要让我感觉内疚了啊？

妻子：有用吗？

丈夫：你真的这么讨厌我一直换台吗？

妻子：是的。我的脑子感觉太累了。刺激太多了。眼睛也疼。

丈夫：我从来不知道这些。那我们看游戏频道吧？

妻子：别了吧！

丈夫：我就随便这么一说。好吧，你想要看什么？

妻子：老电影怎么样？我喜欢浪漫爱情片。

丈夫：呃呃呃。

妻子：好吧好吧。什么电影？

丈夫：44 台在放克林特·伊斯特伍德（Clint Eastwood）的一部电影。

妻子：你说看什么都可以。

这样的对话就很好。双方确实也有冲突，但并没有抱怨、挑剔和谴责对方的意思。在这样的对话中，没有人"出击"，也没有人采用防御姿态。双方的对话简单、轻松、明了，各自都提出自己的需求。妻子一直在用游戏的方式处理双方的对话，丈夫认真地倾听，妻子再次表达自己的真实感受和需求。丈夫倾听了妻子的需求后，用比较温和的方式妥协。妻子则坚持自己的立场，并不"出招"。丈夫有点儿沮丧，将问题丢给妻子，妻子则用自己的方式处理，丈夫就没招了。最终，双方找到了共同的需求，争吵也就结束了。伊斯特伍德可真是个大救星呢。**但实际上，双方的温和态度、倾听彼此的需求和共同解决问题的目的才是结束争吵的关键。**

看上去是不是不可能？其实完全有可能！我们通过观察成功的父母，分析他们如何解决问题，发现了秘密。所有成功的父母都遵循着相同的解决问题的步骤。即使他们生气过了头，走错了一步，也能迅速改正错误，返回正确的道路上来。

我们早先出版的《婚姻的成败》(*Why Marriages Succeed or Fail*)、《幸福的婚姻》、《人的七张面孔》和《改变婚姻的 10 节课》(*Ten Lessons to Transform Your Marriage*) 4 本书 [1] 谈到了从参与实验的夫妻身上学到的经验，这些经验至今依然很有启发意义。

让我们再次聚焦参与实验的父母，并将他们解决问题的步骤整理成一份简易的"菜谱"。"菜谱"的原料并不复杂，所有人都可以照做。在后续的章节中，我们会一一介绍。

---

[1] 约翰·戈特曼在《幸福的婚姻》中揭示了男女长期相处之道，在《人的七张面孔》中介绍了人际沟通的技巧。这两本书均已由湛庐策划、浙江人民出版社出版。——编者注

不要让孩子目睹争吵

我们不得不给所有的父母一个警告：父母绝不应该让婴儿目睹自己的争吵。父母的争吵会给婴儿带来很大的伤害，双方吵得越凶，伤害就越大。父母最不想要的就是伤害自己的孩子。以下是解决之道。

父母双方必须腾出专门用来解决问题的时间。如果当下的话题会引发冲突，那么父母就不应该在此时提起，而应该私下解决。某些成功的父母每周都有特定的会议时间，用于解决双方的冲突。最好双方各自轮流提出一个问题，而不是一方喋喋不休、长篇大论。

父母不应该在吃饭的时候讨论问题，这样不但会导致自己消化不良，也会让孩子在日后出现进食障碍。

当孩子 4 岁左右时，父母才可以在孩子面前谈论一些稍微带有争议的问题，但必须要让孩子看到问题得到了解决。 在孩子 8 岁之前，他们想看到父母在发生口角之后互相拥抱或亲吻。除了拥抱和亲吻之外，其他的解决方法对他们来说毫无意义。父母也可以用语言向孩子解释，如："鲍比，爸爸可以向你解释一下刚刚发生的事吗？爸爸妈妈刚才都有点儿生气，但已经谈过了。我听了妈妈的感受，她也听了我的感受。这样我们才能理解彼此，共同解决问题。"如果父母在孩子面前吵得非常厉害，那么对孩子的伤害会很大，父母也就需要花更多的时间来抚慰孩子。

孩子需要被安抚和支持。父母可以一起抱着孩子，但这样做的前提是，双方的关系很平和。如果双方的关系仍然比较紧张，那么还是其中一方将孩子抱到旁边比较好，让对方拥有更多的空间。对此，我们会在后续的章节中进行详细的讨论。

当孩子长大一些后，父母会遇到不同的问题。孩子会担心父母因为吵架而分开。此时，父母需要明确地告诉孩子，他们并不会分开。当然，如果父母已经准备分开了，还是要告诉孩子，不过这是另外一个问题了。另一个让孩子担心的问题是，他们认为父母的争吵都是自己的错。孩子往往会觉得自己的行为决定了一切。他们的大脑还没有发育成熟，并不能理解世界是独立于他们存在的，并不围绕他们转。他们会认为，外界发生的任何事情都和自己有关。成年人当然知道事情并不是这样的，但孩子却无法理解。**所以父母在争吵之后，要明确地告诉孩子争吵与他无关，父母一直爱着他。**父母难免会发生争吵，因为各自对事情的观点不同，这一点当然没有问题，但父母需要向孩子反复强调自己会解决问题，还应该为令孩子沮丧而向他们道歉。最后，父母需要拥抱孩子，并确保下次争吵不会让孩子看见或听见。

父母需要牢牢记住些一忠告。通过观察成功父母的经验，我们找到了他们的秘方。以下是正确管理冲突的秘方：

- 开始讨论问题时语气要柔和。
- 承认双方的观点可能都对，并能够接受由此带来的影响。
- 自我舒缓，保持镇静。
- 妥协。
- 镇静下来之后再试图理解和处理争议。
- 找出双方的对话基础，而非争吵。
- 如果有问题尚未解决，不要陷于僵局，而要争取对话，善用"求同存异"技巧。

AND BABY MAKES THREE
幸福的家庭

接下来我们将详细介绍这些秘方。

"开场白"需温和

詹姆斯在床上伸了个懒腰。现在是凌晨4点，他已经完全醒了。安娜和乔安妮躺在他身边，安娜6个月大，乔安妮3岁。床的另一边是詹姆斯的妻子凯丽。这一夜，他简直累坏了。安娜因为开始长牙难受得哇哇大哭，乔安妮就被吵醒了，于是跑到他们床上来。凯丽因为一直忙于照顾她俩，已累得彻底昏睡过去。只有詹姆斯一个人醒着。他不禁回忆起和凯丽独处的时光：浪漫的夜晚，一起洗鸳鸯浴……

詹姆斯开始沮丧起来了：太不公平了！为什么她对我一点儿也不在乎了。孩子固然很重要，可是关心孩子总要有个限度吧？一天到晚总是孩子。她完全不在乎我的感受，我都不知道她心里到底还有没有我了！我很怀念以前的她。

早上，当他们在吃早餐时，詹姆斯打开话匣子。

詹姆斯小心地问道："凯丽？"

"怎么了？"凯丽快速地回应道。

"没什么。"詹姆斯嘟囔着站起身，走向客厅。

凯丽转过头来问："不好意思，我太累了，你刚刚想说什么？"

詹姆斯喃喃自语："我很想和你单独待一会儿，我们能不能哪天约会一晚？"

凯丽摇了摇头："我们怎么可能出门约会呢？我必须陪着安娜，尤其是这段时间。她开始长牙了，感觉特别难受。"

詹姆斯坚持道："我知道。可我真的很想和你单独待一会儿，或许我太怀念过去的时光了。我们很久没有过二人世界了。每次当我觉得就是今晚了，结果孩子又醒了，什么也做不成。我不想一直过这样的生活。"

凯丽回应道："我也不想这样，我也想和你单独待在一起，只是不知道怎么跟你说才好。"

詹姆斯说："要不你跟我说，你觉得我还是很性感的，很有男人味儿，你很想和我亲热？"

凯丽立刻回应："我确实觉得你还是很性感的，也依然很爱你。但你可以再等等吗？等安娜这颗牙长出来，我可以让我妈妈过来看着她们，到时候我们就可以出去约会了。"

詹姆斯说："太好了。"

如果这对夫妻缺乏沟通技巧，他们的对话恐怕就会像下面这样。

詹姆斯：凯丽，我们需要谈一谈。

凯丽：什么事？

詹姆斯：我们很久没有亲热了。我受够了。你已经不再是一个女人了，而是变成了一位母亲。一天到晚就是孩子孩子……你太宠溺她们了。

凯丽：你到底在说什么啊？你和孩子不亲，我可不能像你一样。乔安妮才 3 岁，而安娜才 6 个月。谁来管她们啊？难道是你吗（她讥笑起来）？

詹姆斯：她们一哭你就冲上去了，所以她们才会一直黏着你。你这样会毁了她们的。

他们吵来吵去，而真正的核心问题在于他们想要属于彼此的私人时间。以上两种婚姻关系，你想要哪一种呢？

在第一个场景中，詹姆斯和凯丽采用了一种重要的沟通技巧：开场白。

"开场白"指的是如何向另一半提出问题。上文第二个场景中的开场白太过生硬了。以上两种开场白带来的后续沟通效果差异会很大。**我们发现，在96%的情况下，冲突对话都是由开场白引起的。**

　　如果用比较生硬的语气开启对话，那么一方会开始批评和埋怨另一方。作为回应，另一方就会马上开启防御模式，也开始挑剔对方。双方的愤怒开始累积，最后爆发。在这种情况下，什么问题也解决不了。相反，如果以温柔的方式开启对话，就没有人会被抱怨。一方只是提出自己的诉求，重点阐明当下的感受，并中立地描述当前的情况，不要剑拔弩张，接着提出明确的需求，而不是一直强调自己不想要的东西。温和的开场白不仅听起来很顺耳，也不会伤害对方。

　　大多数时候，生硬的开场白包括了我们所说的"末日四骑士"行为，即批评、防御、蔑视和冷战。研究表明，"末日四骑士"行为常常预示着关系的终结，在夫妻无法修复这些不良行为的情况下尤为明显。当夫妻双方一直表现出"末日四骑士"行为，又缺乏相应的修复技巧时，他们的关系就难以维持了。

　　我们需要先了解"末日四骑士"行为是如何伤害夫妻关系的，然后才能避免它们带来伤害。

　　其一，批评。批评是一种通过指出他人缺陷来攻击他人人格的抱怨方式。一些常见的词语，如"懒""笨""轻率""粗心"，都具有批评性。有些词汇的批评性比较轻，如"你从来不……"或"你总是……"。使用"总是"或"从来不"时，实际上就是罗列对方的不足。例如，"你从来不打扫卫生"的意思就是"你太懒了"。避免批评的方法是明确提出诉求，明确阐述个人感受，且中立地描述场景。例如，不要说"你太懒了，从来不倒垃圾"，而应该说"你还没有扔掉垃圾，我很生气；也不要说"你总是迟到，每次都害我们吃不好晚餐"，而应该说"我们没有一起吃晚餐，我很失望"。

其二，防御。当一方感受到对方在批评自己时，就会采取防御姿态。遇到攻击时，举起手臂来防御攻击者是一种很正常的举动。人们通常会采用以下方式进行防御：一是反过来攻击对方，如"好吧，就当我迟到了，但你做的菜也很难吃"；二是宣称自己是无辜的，如"我几乎从来不迟到"；三是勃然大怒，如"你怎么敢说我迟到了，这才 6 点 3 分"；四是像受害者一样抱怨，如"我也没办法，老板一直拖着我，所以我才迟到的"。这样的话语掩盖了人们对自己的问题该负的责任，并没有正视问题。老话说得好，"一个巴掌拍不响"。大多数时候，人们在自己制造问题。防御的解决方法是承认自己将事情弄砸了。简单地承认错误，比如"不好意思，我迟到了几分钟"。虽然人们不愿承认错误，但大部分人都不是完美无缺的，是人就会犯错。最好的方式是承认错误，寻求和平解决方案；而不是否认错误，制造争论。

其三，蔑视。**蔑视是预测离婚率最重要的变量。**蔑视他人的时候，人们会基于自身优势来攻击和批评对方。因此，蔑视意味着不尊重。蔑视可以表现为大声辱骂、假装客气却居高临下地讲话以及责怪对方。最坏的情况下，蔑视会表现为语言暴力。语言暴力不仅会破坏夫妻关系，也会伤害对方的自尊，甚至会破坏免疫系统，如"你让我感到恶心"或"你这个混蛋"。有些蔑视比较温和，如"你总是迟到，打算怎么弥补我？"之类的语句会破坏夫妻关系。当然，蔑视不一定都是语言上的。保罗·艾克曼（Paul Ekman）博士发现，跨文化表情也可以表示蔑视。例如，当人们撅起左侧嘴角，形成一个浅浅的酒窝时，这个表情代表的就是蔑视。抬起眼睛，就更加蔑视了。**研究发现，如果丈夫表现出蔑视，那么妻子在未来 4 年内很可能会出现多种疾病——蔑视真的"有毒"。**蔑视的解决方法是表达谢意，互相尊重。尊重体现在日常的细微之处。你多久会说一次"感谢你洗碗"或"你给孩子喂奶时看她的目光太美了"？这样的话要经常对另一半说，而不应当将它们留在心里。表达感激和喜爱有助于为家庭创造感恩的文化传统。

其四，冷战。"末日四骑士"行为的最后一种。当一方不喜欢另一方说的话时，就会表现得像一堵墙一样，毫无回应，连常说的"哦"、"知道了"或"是吗"都没有了。双方毫无表情，甚至懒得看对方一眼。关于异性恋伴侣关系的研究发现，采取冷战态度的人中，85% 是男性。研究还表明，当人们开始冷战时，他们的脉搏跳动每分钟会超过 100 次，无论他们是在讲话还是坐着。这会引起人们生理上的不适，就好像一边踩油门一边踩刹车。我们推测，当人们开始冷战时，实际上是在试图排除所有的外来刺激，如伴侣的声音，只有这样才能令自己冷静下来。但问题是，冷战会让另一半抓狂。他们感到被对方拒之门外，但又希望重新和对方进行互动，所以他们会在语言上和生理上更加"逼迫"对方，而这只会让对方更加难受。如何解决冷战问题呢？如果感到压力太大，就需要考虑自己的实际身体状况，休息一下，自我舒缓，确保能够在合理的时间内回到对方身边。这样才能保证以比较平和的情绪展开对话，并与对方保持连接。更好的方式是在一开始就保持镇静。感到郁闷时，关注自己的呼吸很有帮助。此外，为了防止冷战，可以在听到对方讲话时给予对方一定的信号，如点点头或看着对方的眼睛。这些姿势会让对方明白，即使两个人意见相左，对方也是愿意倾听自己的想法的。

了解了"末日四骑士"行为及其应对方法之后，下面介绍如何采用温和的开场白来谈论问题。成功的夫妻会遵照以下 3 个步骤以便顺利地完成"为人父母"的过渡。第一，坦陈自己的感受。第二，在表达自己感受时，可以不偏不倚地描述问题。第三，明确表达自己的需求。同时，既要有礼貌，又充满感恩。总而言之就是：

- 明确表达自身感受。

- 中性地描述问题，不要抱怨。

- 明确表达自己的需求，而非不需要的东西。

以下是关于两种不同开场白的例子。

　　生硬的开场白：你一点儿也不在乎我（抱怨）。你只在乎你自己（批评）。你总是沉浸在你自己的世界里，只知道看报纸（蔑视和批评）。

　　温和的开场白：你知道吗，我现在有点生气（感受），因为你吃晚餐的时候在看报纸，我们都没有什么交流（中性地描述问题）。你愿意和我聊聊吗？你可以跟我谈谈你今天过得怎么样，或者问问我今天过得怎么样，好吗（需求）？

　　生硬的开场白：你觉得我很丑是吗？你是不是想找个更苗条的（抱怨和充满暗示的批评）？我知道我很胖，那又怎么样？我怀孕了呀（对假想攻击进行防御，而此时对方一句话都没说呢）！

　　温和的开场白：我很担忧（感受），我现在怀孕了，没有以前性感了。为了这场派对，我准备了一条特别时髦的裙子，可它穿着太紧了（中性地描述问题）！我需要你的一些表扬，现在就需要呢（需求）。

　　生硬的开场白：我受够你了，你总是站在你妈那一边（批评）。你就是个妈宝男，不是吗（蔑视）？

　　温和的开场白：我很生气（感受）。好像每次你妈一过来，你就把我晾在一边（中性地描述问题）。如果她今晚挑我的刺，你能站在我这边吗（需求）？

当然了，谁都很难做到每次都有完美的开场白，但也要记住，交流的过程充满阻碍。如果能够温和地开始讨论双方的冲突，那么最终更有可能找出解决方法，或者至少达成妥协，这样就不会陷入僵局了。

测试：你的开场白温和吗

当你与另一半讨论问题时，开场白是生硬的还是温和的呢？双方可以按照以下步骤进行测试：阅读以下内容，判断是否符合自身情况，然后在"是"或"否"下方打钩（男方在"A"上打钩，女方在"B"上打钩，余同）。

讨论问题时	是		否	
常常发生争论	A	B	A	B
对方总是埋怨你	A	B	A	B
对方总会批评你的人格	A	B	A	B
平静会被突然打破	A	B	A	B
对方的消极情绪让你感到不安	A	B	A	B

看一下你选了多少"是"，如果选的"是"较多，那么说明你倾向于采用生硬的开场白，不妨试试下面的练习，很有帮助。

练习：温和的开场白

和另一半一起坐下来，一次只讨论一个问题。一方朗读下面第一个生硬的开场白，另一方想想如何用温和的开场白提出同样的问题，之后说出来。然后，双方互换角色。这一次负责提出温和的开场白的人，下一轮负责朗读生硬的开场白。牢记温和的开场白包括的 3 个步骤，双方不需要竞争，就当是在玩游戏。

示例：

1. 你觉得自己很可爱吗？别再和其他人打情骂俏了。

回应：我对今晚的派对很没有安全感，你愿意大部分时间和我待在一起吗？

练习：

2. 你太死板了。你对哲学的看法太可笑了。

回应：_____

3. 你就是想要一直工作，一点儿都不想与我和孩子在一起。

回应：_____

4. 你一点儿也不在乎孩子。

回应：_____

5. 我太胖了。

回应：_____

6. 你都不想和我亲热了，你太冷淡了。

回应：_____

7. 我受够你了，你太情绪化了。

回应：_____

8. 你恨不得把我赚的每一分钱都花掉，那我怎么办？

回应：_____

9. 你可别再撒谎了，你还在赌吧！

回应：_____

10. 你妈总是挑我的刺，你什么也不管。你跟你妈一起下地狱吧！

回应：_____

11. 我受够了，我们从来没一块儿出去过，你哪儿都不带我去。

回应：＿＿＿＿＿＿＿＿＿＿＿＿＿＿＿＿＿＿＿＿＿＿

12. 你别再挑剔我的开车技术了。

回应：＿＿＿＿＿＿＿＿＿＿＿＿＿＿＿＿＿＿＿＿＿＿

13. 你从来不听我的建议，总是自己做决定。你太霸道了!

回应：＿＿＿＿＿＿＿＿＿＿＿＿＿＿＿＿＿＿＿＿＿＿

14. 你一点儿都不在意我们每次是不是迟到。你太自私了。

回应：＿＿＿＿＿＿＿＿＿＿＿＿＿＿＿＿＿＿＿＿＿＿

15. 你叫我怎么相信你？你答应了要回家的，结果从来办不到。你就喜欢待在你自己的世界里。

回应：＿＿＿＿＿＿＿＿＿＿＿＿＿＿＿＿＿＿＿＿＿＿

如果你和另一半能掌握这种方法，就能知道该怎样温和地开始提出问题了。刚开始或许很难，但一定要坚持下去。练习得越多，对话就越流利，就像跳双人舞一样。

先理解，后说服

在一个小村庄，有一位著名的婚姻咨询老拉比。一天，他的新助理——一位年轻的小拉比第一次跟着他开始学习如何为来访者提供婚姻咨询。小拉比仔细地观察老拉比的每一步做法。来访者是戈德斯坦夫妇，他们正在等候室里等待。

老拉比先叫戈德斯坦太太进来，向她介绍了自己的新助理，并询问道："你觉得问题出在哪里呢？"戈德斯坦太太开始抱怨自己的丈夫，说他这里不好，那里也不好，絮絮叨叨地说了足足20分钟……

老拉比不得不打断她："戈德斯坦太太，我听你抱怨20分钟了。我觉得你讲的完全正确。难以想象你为了那个男人都忍受了什么，还为这个家付出了这么多。我太佩服你了。"戈德斯坦太太说道:"天哪，拉比，终于有人能够理解我了，太谢谢你了。"说完她转身离开了。

紧接着，老拉比让戈德斯坦先生进来，问道:"你觉得问题出在哪里呢?"戈德斯坦先生开始抱怨自己的太太。

大约20分钟后，老拉比打断了他，然后说道:"戈德斯坦先生，我听你抱怨20分钟了。我觉得你讲的完全正确。难以想象你为了那个女人都忍受了什么，还为这个家付出了这么多。我太佩服你了。"戈德斯坦先生说道:"天哪，拉比，终于有人能够理解我了，太谢谢你了。"然后他也转身离开了。

小拉比疑惑地说道:"老拉比，您刚刚说戈德斯坦太太是正确的。"老拉比回应道:"是的。"小拉比又说:"可你说戈德斯坦先生也是正确的。"老拉比又回应道:"是的。"小拉比更加疑惑了:"可是，他们两个不可能都是正确的。"老拉比说道:"你说的也是正确的。"

任何争议和无效沟通都不存在完全客观的真相，只有双方各自提供的主观真相。如果人们坚持认为只有自己的观点是正确的，对方是错误的，那么讨论就不能起到任何作用，只会事与愿违。人们只是从争论变成对抗赛，总有一方赢，一方输。最终的结果其实还是双输。在争论中，人们总会认为自己的任务是劝服对方。而如果双方都把自己的第一要务当作是理解对方的处境，而不是为自己辩护，那又会怎么样呢?

在争论中，人们会认为自己是完全正确的，另一半则是完全错误的。我们听过很多次这样的话:"如果我把刚才的对话录下来，你就知道自己错得有多离谱了。"我们在实验室也录下了夫妻争吵的场景，然后将录像放播给他们看。可即使看完录像，他们依然对刚刚发生的事提出了两种完全不同的观点。双方依然坚持自己的观点，且依然认为自己是完全正确的。

想象一下，如果要你和另一半画一幅关于家里架子上的紫色盆栽植物的画。你坐在盆栽植物的正对面开始画；你的伴侣坐在盆栽植物的旁边开始画，你们两个人的画看上去会完全一样吗？不可能完全一样。实际上，冲突就好像盆栽植物一样。每个人都有自己独特的视角："盆栽植物"根茎的光影和叶子的颜色以及架子的影子、角度和外形都完全不一样。这取决于人们所坐的位置。夫妻之间的争论就像试图劝说对方只有自己的画是唯一正确的一样。

再想象一下，一对夫妻刚刚发生冲突的场景：一方忘记拿当晚的音乐会门票了，另一方很生气，然后用生硬的开场白质疑对方。对方则开启自我防御模式，吼了回来，然后生气地走了。

人们都认为自己是受害者，完全无辜。原谅自己总比原谅对方更加容易，这是人性使然。这就是心理学家弗里茨·海德（Fritz Heider）所说的"基本归因错误"。换句话说，人们很自然地会认为"我没错，你有问题"，于是得出最终的结论：我是对的，你是错的。

当夫妻经历为人父母的转变时，也会很自然地想要证明自己是正确的。当另一半讲话时，人们实际上一边在倾听，一边在大脑中组织反驳的语言。当轮到自己讲话时，就会立即开始反驳。人们并没有用心倾听，反而期望自己的劝说可以起到神奇的效果。等对方开始反驳之后，人们就会觉得对方开始防御了，然后自己也开始防御，并且开始重复前面的话术。我们称为"自我总结综合征"。即使是在重复解释自己观点的第30多次，人们也在想象：对方听到自己的话就会立刻一拍脑门，向自己承认错误，认可自己的观点完全正确，之后双方开始立刻变得亲密起来，对方开始想要和自己发生亲密关系……事实上，这种想象是绝不可能发生的。

社会心理学家阿纳托尔·拉波波特（Anatol Rapoport）是国际冲突研

究领域的专家，他的研究方向包括斗争、博弈、辩论、外交冲突、暴力、冷战和热战。他最大的研究兴趣是国际冲突中的"辩论"问题：在国际冲突中，一方试图通过辩论影响另一方的观点。我们将拉波波特的观点移用到了夫妻冲突上。

拉波波特提出了一个很简单的方法，可以降低辩论和争议中的威胁：推迟说服对方。

拉波波特建议，争议双方如果不能完整地阐述对方的观点，就不要急于说服对方。所以，双方最开始的任务就是提问，通过提问充分了解对方的观点，然后重复对方的观点。当然，在一开始，对方的观点听起来可能毫无道理。但问题提得越多，就会发现对方的观点变得越清晰，这样就能更理解对方。

拉波波特发现，当理解对方之后再开始进行说服，双方都会变得更加理智，自我防御也会减少，从而会感受到对方更多的尊重。双方不再敌对，反而变成盟友，一起努力解决问题。主动理解对方、感受到自己被理解，有助于说服过程更顺利。

拉波波特发现了争议解决的秘密：在阐述己方观点之前，先向对方阐述自己对对方观点的理解，直至对方满意为止。为了达成这个目标，人们需要向对方提出开放式问题。开放式问题意味着答案不止一个。回答这些问题需要时间，回答的内容也更加复杂。开放式问题和封闭式问题不同。封闭式问题通常像"你是要去买菜吗？"等问题一样，只能回答"是"或"不是"。开放式问题更像是邀请，而立即对开放式问题进行反驳听上去就好像在拒绝。所以在冲突中，与其说"接招吧！我是这样反驳你的"，然后逼对方针对性地再出一招，不如多提开放式问题，如"为什么这件事对你这么重要"或"你能帮我更好地理解这个问题吗"。

同时，人们也需要按照拉波波特所说的，进行"相似性假设"。就像曾经的一位来访者所说的，"让另一半感受到提问的价值"。拉波波特提出，人们需要进行以下假设：对方在讨论中不具有负面性，自己不具有正面性。他认为，如果人们发现另一半具有某种负面性，也应当在自己身上看到这种负面性；如果人们在自己身上看到某种正面性，那么也需要在对方身上发现同样的特质。在争议时，如果人们突然觉得"对方居然这么生我的气，实在太神经质了"，那么此时也要意识到，"好吧，我想我也很生气！我们都很生气！"。如果一开始就认为自己是唯一理性的人，那么就要告诉自己，"对方也是很理性的人，我想我们可以理智地讨论问题"。"相似性假设"很简单。但实际上，这个假设是违反人类本性的，因为人总是会觉得"我没错，你有问题"。

不妨看看一对夫妻关于金钱的讨论。丈夫想要更多的娱乐花费，妻子却想要为未来考虑多储蓄一些。如果他们像下文这样讨论，效果会怎样？

丈夫：我能问你一个问题吗？我想知道我是不是真的了解你。你是不是觉得我们没有足够的储蓄，使得你对未来有些担忧？是这样的吗？

妻子：是的……（过了一会儿）对你来说，你是不是感觉我把钱包括得太紧了，所以你没有一点儿乐趣可言？

在这个讨论中，没人试图说服对方，双方都在试图理解对方的真实意图，并且提出开放式问题，确保自己真的理解了。

面对冲突时，可以尝试提出以下开放式问题：

• 你觉得怎么样？

- 你是怎么想的？

- 为什么这件事对你如此重要？

- 你觉得这件事最糟糕的地方在哪里？

- 你很害怕吗？你能告诉我你害怕的是什么吗？

- 你最重视什么？

在试图开始说服对方之前，你需要多做一步，即确认对方的观点。从本质上来说，这意味着承认对方有权利拥有自己的感受。人们必须承认，即使对方的观点和自己不同，也是有道理的。这样做并不意味着会丧失自我，而是更有同理心。要想这样做其实很简单，只要说"我明白了"或"有道理"就行。这会让对方感受到被理解和被尊重。如果你觉得这样有点难，那么你可以试着这样说："你的观点听起来很有道理，因为……"确认对方观点的合理性，不仅在于理解对方的感受，也在于从对方的视角来看问题，并且需要理解为什么对方的感受是合理的，然后和对方交流自己的观点，这样才是真正地确认对方的观点。

承认事情都有两面性，复述对方的观点直至对方满意，确认对方观点。 将这 3 点融合起来，就组成了冲突管理中一种核心要素，即接受对方的影响。当人们能够在讨论中接受对方对自己的影响时，实际上是在尊重对方，肯定对方是一个有智慧、体贴且善意的人。这样尊重对方，谁会拒绝呢？接受对方的影响是双方关系的催化剂。

测试：你接受影响的程度如何

以下是一组测试题，可以从接受影响的程度方面来衡量双方关系。阅读以下描述，在符合自己情况的选项上打钩。

讨论问题时		是		否
你通常希望对方感到自己在关系中是有影响力的	A	B	A	B
你能够倾听对方陈述自己的观点	A	B	A	B
对方是一个有常识的人	A	B	A	B
你不会拒绝对方的意见	A	B	A	B
对方非常擅长解决问题	A	B	A	B

如果双方在所有问题上的答案都是"是",那么你们在接受影响方面做得很好。如果不是,或许你们需要在这方面继续努力。不妨尝试以下练习。

◆ 练习:拉波波特方法

准备好两支笔和两个本子。从以下"双方未达成一致的事项"列表中选择一个双方愿意讨论的问题。记住,你们只是选择一个话题来练习这项技巧,任何话题都可以。在选定的话题前打钩,试着为这个话题描述更多的细节,然后双方轮流发言、倾听。

发言的人必须遵守以下规则:陈述自己观点不能超过 10 分钟。如果有需要,可以设置闹钟。为了更加有建设性,发言的人可以谈论自己的需求(而非自己不需要什么)。这就意味着应将抱怨转变为表达自己的需求,然后提出自己的需求,并解释为什么它对自己很重要。

倾听的人可以通过提出开放式问题来理解对方的观点,也可以记笔记。倾听的时候千万要避免"我是对的，你是错的"这样的想法。要进行"相似性假设"。倾听的人需要总结对方的观点，然后确认观点的有效性。接着，双方互换角色。倾听的人开始发言，发言的人开始倾听。记住，不要争论，而要推迟说服，目的是加深双方的理解。

双方未达成一致的事项：

1. 陪孩子的时间与工作时间冲突。

2. 三餐的选择。

3. 守时度。

4. 整洁度。

5. 朋友来往。

6. 双方平分家务：谁做什么事情。

7. 亲家和亲戚的角色。

8. 饮酒。

9. 嫉妒心。

10. 个人目标。

11. 宗教。

12. 兴趣。

13. 和对方谈论压力。

14. 平衡工作和家庭。

15. 情感。

16. 性、浪漫或情感。

17. 金钱。

18. 休闲或运动。

双方的话题是：_____

自我的感受和需求是：_____

对方的观点（对方的感受和需求）是：_____

对方观点很有道理，因为_____

停！停！暂停一下

玛丽和卡洛斯开着黑色福特野马车，以每小时约136千米的速度沿着高速路行驶。我们在他们的车上安装了微型摄像机，并让他们戴上心率监控设备。此时，他们都涨红了脸，正冲对方大吼大叫——

卡洛斯：特蕾莎已经不是我妻子了，你才是我妻子，她是我前妻。现在的问题是我的女儿梅兰妮。如果我惹毛了特蕾莎，她会去法院和我争梅兰妮的抚养权的，她想要梅兰妮跟着她，你明白吗？

玛丽：你别冲我吼了。我就不明白，你在特蕾莎面前怎么那么蠢。你就像她手里的面团一样。你的骨气去哪儿了？

卡洛斯：你别来烦我了！我不会失去梅兰妮，你想让我对特蕾莎不公，别想了。

玛丽：那是因为特蕾莎背后说我坏话。每次你去接梅兰妮，特蕾莎总是对你摸来摸去。

卡洛斯：那又怎么样？我又没有摸她。我控制不了她想要做什么，她只是做了你不想做的事情。你恨不得离我远远的。罗比出生以后，你就冷得像冰一样。

玛丽：这就是你的想法吗？你简直让我恶心，我是被罗比缠住了。

卡洛斯：那可真是"神奇"了。特蕾莎倒是每次都会张开手臂欢迎我。

争吵的时候，卡洛斯的心率达到了每分钟135次，玛丽的心率则达到了每分钟 140 次。当时他们宁可彼此相隔十万八千里，也不愿意一起待在车里。他们只是在不断地抛出自己的想法，从来都不倾听。他们各自沉浸在自己的痛苦中，寄希望于奇迹的发生，希望对方突然能变成一个充满同理心的圣人。他们仿佛在打乒乓球，你来我往，但究竟共同讨论了什么呢？我们不可能知道答案了。好像世界上不可能存在平行时空的对话，只剩一地鸡毛。他们怎么就吵成这样呢？为什么很多人都吵成这样呢？

战斗还是逃跑

约翰和罗伯特·利文森（Robert Levenson）教授曾合作进行过一项研究，想知道夫妻双方发生冲突时身体内部的反应。在研究中，他们请夫妻面对面坐在椅子上，并一起花 15 分钟讨论一个问题。研究人员用摄像机录下这些夫妻之间的对话过程。研究人员监控了他们的心率、血流速度、掌心的出汗程度以及他们在椅子上的身体姿势。研究结果非常惊人：有些人仅坐在椅子上讲话，其心率就飙到每分钟 168 次！

时隔 3 年之后，约翰和利文森再次联络了当初参加研究的人，他们发现，一些夫妻的关系恶化了，而有些夫妻的关系则变得更加甜蜜。对比 3 年前的生理指征，研究人员发现了以下结论。

3 年前那些对话时心率急剧加速的夫妻，他们的关系如今变得更加糟糕。他们在对话时出现血流加速和手掌出汗的情况，意味着他们的生理唤醒水平较高。约翰和利文森曾认为，夫妻关系的恶化和个体的高唤醒水平或许存在相关性，但实际上，这些生理指征却令人震惊地预测了双方关系未来的发展。

这究竟是为什么？通过观察这些人的生理指征，约翰和利文森发现，

AND BABY MAKES THREE
幸福的家庭

在冲突讨论中，很多人的身体像是着了火，仿佛处于极大的危险之中。从生理指征上来看，他们好像正在试图逃避暴徒一样。他们的反应也并不是有意识的选择。双方只是简单地坐着说话，但他们潜意识里却觉得对方正在攻击自己。然后，他们的大脑内就开始"警声大响"，破坏他们的内部稳定状态，而这一切却并非出自他们的意识。**冲突发生的那一瞬间，低级大脑中枢会取得控制权。**

约翰和利文森看到的，是人类这一物种在几百万年进化出的"通用警报"反应。"通用警报"反应是这样运行的：当个体看到危险物时，一连串的事件会冲击个体。首先，人体内最长的迷走神经会松开心脏的"束缚"，心跳立即开始加速。如果心跳超过每分钟 100 次（运动员为 80 次），身体就会立即开始分泌肾上腺素。此时，心脏会收缩得更加厉害，仿佛在说"快点把血泵出去"。

与此同时，人体的通用警报系统还可能担心外部攻击会导致身体出血，所以，血流会改变路径，冲向肠道和肾脏。手臂和腿部周围的血液被转移到身体的核心部位，肾脏则会促使血压提高及液体量降低。这一切都是为了将潜在的身体伤害降到最低。

身体的其他部位也开始忙碌起来。肾上腺刺激肾上腺素和皮质醇等应激激素的分泌，肝脏将糖原转化为葡萄糖，并将其释放到血液中，以提供能量。与此同时，血液会涌入大脑，使人体保持警觉。该过程被称为"弥散性生理唤醒"，通俗来说就是"战斗或逃跑"。令人惊讶的是，人们很少意识到弥散性生理唤醒的发生。就好像一个人正坐着看报纸，突然发现自己浮在一米深的水中，然后惊呆了。大多数人都不知道自己的心跳究竟有多快，觉得自己很冷静、很稳当，实际上心跳已快得惊人了。

性别不同，弥散性生理唤醒的反应也会不同。利文森和他的研究生洛伦·卡特（Loren Carter）对比了男女弥散性生理唤醒的区别。被试同意后，他们会突然听到一声类似枪响的声音，被吓了一大跳。男性被试的心率像兔子一样"一窜而起"，而女性被试的心率则像气球一样缓慢上升；而且男性被试比女性被试要花更长时间才能平静下来。卡特和利文森询问了被试听到响声后的情绪，女性被试认为自己很害怕，而男性被试则表现出愤怒和蔑视：这是否意味着男性在平静下来之前需要先"复仇"？

或许是进化导致了男女的不同。人类学家早就发现，原始部落的男性的任务是保护部落和合作狩猎。因此，当他们听到响声后，会立刻和其他同伴一起跑起来，目的是驱赶入侵者。而原始部落的女性则像是躲在灌木丛中的小鹿，依然能保持镇静，继续抚育婴儿。男性合作狩猎时，他们之间的距离隔得非常远，因此需要静悄悄地互相传递信号，这样才不会惊扰猎物。在危险面前，他们需要保持警惕。

在和平时期，女性负责采集根茎、坚果或莓类，并用陷阱捕猎小动物，同时她们也负责养育婴儿。我们可以想象，她们一边在灌木丛中移动，一边友善地交谈。只有镇静的女性才可以分泌乳汁。催产素可以刺激女性分泌乳汁，但女性只有在十分安静的情况下才能产生催产素。催产素还可以加强人际关系的联结，所以女性之间更容易形成亲密的同盟关系。

这些又是如何影响现在的人类的呢？经过进化的筛选，保持警惕和高度警觉的男性被保留了下来，好像他们仍然在时刻观察入侵者一样；同时温暖热情且善于结盟的女性也被保留了下来。如果这样的男性和女性出现在实验室，我们可以观察到什么呢？**男性的高度警觉和保持警惕的遗传特质，必须要和能够保持镇静的女性配对，这样双方的关系才能更紧密。**难怪人类伴侣在冲突过程中会遇到这么多麻烦。

当审视弥散性生理唤醒如何改变人类观察问题的视角和行为时，问题也会变得越来越复杂。当人们处于弥散性生理唤醒状态时，周边视觉会消失，听力也会受阻，同时肾上腺素会激增，从而导致"隧道视觉"（tunnel vision）效应。即使在毫无危险的情况下，人们也会觉得危机四伏。这就是弥散性生理唤醒对人们的影响。

阿米多·迪亚洛（Amidou Diallo）的案例正好可以解释这个现象。20 世纪 90 年代末的一天，4 名新手警察巡逻到了纽约市的一个治安较差的街区。由于一系列错误判断，在短短的 8 秒钟之内，这些警察朝某一走廊里的一个身影开了 19 枪。一开始，警察冲着那个人大喊"不许动！"，那个人想要伸手从钱包拿身份证，然而警察认为他可能是想拿其他东西。其中一名警察大喊："有枪！"瞬间，所有警察都开枪了，那个人当场死亡。他就是迪亚洛。实际上，迪亚洛并没有枪，他只是想从钱包里掏出身份证而已。他的英语不太好，因此没有听明白警察的命令。或许警察也处于弥散性生理唤醒状态中，他们并没有意识到迪亚洛实际上是刚来美国的新移民。警察错误地将钱包当作是枪，他们的恐惧促使了这一悲剧的发生。在其他冲突中，警察也面临同样的问题，因为危险是真实存在的。

大部分人在工作中并不会常常遇到危险，但当人们在家和伴侣发生争执时，弥散性生理唤醒与处于危险时是一样的，所以人们的身体已经准备好随时"回应"危险。人们的反应方式就好像危险真实存在一样。问题在于，当人们激烈争吵时，会进入弥散性生理唤醒状态，感到巨大的痛苦，就像前文刚提到的新手警察一样。人们一开始可能只是在讨论一些很平常的事情，如该谁洗衣服，突然间，人类远古流传下来的基因开始起作用，激发身体进入弥散性生理唤醒状态。如果人们不知道如何应对这种状态，就可能破坏双方关系，就像约翰在实验室中观察到的那些夫妻一样。

除此之外，当人们长期反复地进入弥散性生理唤醒状态时，身体会逐渐变得疲惫。这种状态会压制人体的免疫系统功能，加速生理功能衰退。30 多年以来，心理咨询师观察到，**处于敌对状态或分裂关系的人会经历很多的疾病，如癌症或心脏病**。近来的研究则发现，伴侣冲突和免疫抑制之间存在直接关系。

克服本能，察觉自我

人类从祖先那里继承了通用警报系统，因为人类祖先需要该系统来调动个体行动。在远古时代，人类只是毫无庇护所的猎物，周围存在着许多捕猎者。但现在的时代改变了，人类不需要再像以前那样害怕树丛中的野兽了。对大部分人来说，伴侣并不是捕猎者。然而在和伴侣的冲突和相互伤害中，人类的弥散性生理唤醒本能依然可能会被激发。弥散性生理唤醒会影响人类获取信息的能力，人们会变得不善于倾听，无法解决问题，不能够对另一半表示同情，更没有创造性。弥散性生理唤醒会促使人进入保护性模式，因而无法很好地处理信息。在这种状态下，人们一边倾听，一边自动开始准备反驳。所以，人们只是在三心二意地倾听。人们变得充满防御性，倾向于不断自我重复，进入所谓的"自我总结综合征"状态。人们几乎不会总结和肯定另一半所说的话，也不会总结双方的共同点。

克服弥散性生理唤醒状态影响的方法就是进行自我觉察。人们必须学会认识到引起弥散性生理唤醒的微小信号，无论是感到肠子"咕噜"了一下，还是呼吸的变化，如呼吸加速或屏住呼吸，意识到这些微小信号可以帮助人们镇定下来，进行自我舒缓。这样，人们才能够和伴侣淡定地讨论问题，而不会进入弥散性生理唤醒状态，就像人类祖先遇到捕猎者一样，一下子进入逃跑状态。

AND BABY MAKES THREE
幸福的家庭

建立自我觉察的第一步是完成下面的测试。通过该测试，可以了解双方关系是否受到弥散性生理唤醒状态的困扰。"淹没"是一种与弥散性生理唤醒状态相关的心理状态。如果人们发现自己在和伴侣谈话的过程中进入"淹没"状态，那么双方关系很有可能受到了弥散性生理唤醒状态的困扰。

测试：你被负面情绪"淹没"了吗

仔细阅读以下描述，在符合的选项上打钩。

讨论问题时	是		否	
双方的讨论会变得过于激烈	A	B	A	B
你很难镇静下来	A	B	A	B
一方会说出令人后悔的话	A	B	A	B
你常常告诉自己"要理智地谈话"	A	B	A	B
对方会提出很多不合理的要求	A	B	A	B

如果双方对所有问题都选择"是"，那么你们在冲突过程中很有可能会体会到"淹没"感，并且常常进入弥散性生理唤醒状态。

对家庭来说，弥散性生理唤醒状态可能会引发其他不良后果。这种不良后果通常发生在婴儿出生后的几个月。当人们精疲力竭时，常常会发生很多争吵，并且很容易陷入弥散性生理唤醒状态。人们会开始回避对方，以保证婴儿周围环境的安静，也有助于自己保持淡定。因此，人们并不会直接面对那些不断出现的严重问题，而是会回避自己被倾听、被尊重的需求，也不去寻找解决方案。回避的产生过程其实很微妙，人们甚至意识不到自己在回避，只会将更多的精力投在工作上，或者给父母和朋友打电话，而不和伴侣沟通。双方开始各自生活，几乎没有交集。回避冲突或许可以带来相对平静的生活，但最终它也会带来恶果：人们会感到无比的空虚、孤独和无助。婴儿则又哭又闹，或又该喂奶了，一天就这样结束了，可能一方走进厨房，另一方离家去上班，双方依然没有交集……

如果以上这些情况在你们的关系中出现过，那么弥散性生理唤醒可能是罪魁祸首。只有学习如何保持镇静并调整这种状态，才能解决问题。

可以和另一半一起完成下面的测试，以获得更多的答案。

测试：你有"情绪撤回与孤独感"吗 ——————

仔细阅读以下描述，在符合的选项上打钩。

陈述	是		否	
你常常发现自己对双方关系很失望	A	B	A	B
有时你发现自己在这段关系中感到非常孤独	A	B	A	B
在这段关系中，你最强烈的感受是很难引起对方的关注	A	B	A	B
你和对方之间不够亲密	A	B	A	B
你已经适应了这段关系，但不确定有无意义	A	B	A	B

如果任何一方对其中任何一个问题的答案为"是"，那么双方在关系中出现孤独感和情绪退缩的可能性会比较大，需要外界的帮助来应对这种情况，以避免陷入弥散性生理唤醒状态。

冲突润滑剂：暂停一下

我们在一项先导性研究中发现了暂停的神奇魔力。当时，我们为了研究人们在发生争吵并进入弥散性生理唤醒状态之后的心率水平，决定做一项实验。研究人员假装监测机器坏了，告诉被试夫妻需要等一会儿再继续讨论，直到设备修好为止。研究人员为他们提供一些杂志用于打发时间。实际上，研究人员仍然在检测他们的心率。当他们的心率恢复到正常水平时，研究人员宣称设备已经修好了，请他们继续讨论。

在大多数情况下，被试夫妻的对话发生了彻底的改变。很多人仿佛完全换了一个大脑似的。他们从一开始的剑拔弩张变得更加平和了，且更加理智、灵活，愿意合作，彼此也更加和善。研究人员发现了一个秘密：**想要让夫妻双方冷静下来，只需要让他们休息够即可**。之后，他们就可以冷静地讨论问题，不受弥散性生理唤醒状态的干扰。

还记得前文提到的玛丽和卡洛斯在高速路上一边开车一边争吵的场景吗？研究人员在随后的临床咨询中观察了这对夫妻。事实上，他们在孩子出生后经常争吵，并且在不断升级。卡洛斯的前妻是个问题，而玛丽则因此产生了嫉妒心。当卡洛斯去前妻那里看大女儿时，情况会变得更糟。而且，自从第二个孩子出生以来，玛丽和卡洛斯就再也没有性生活了。弥散性生理唤醒状态一直纠缠着他们，两个人变得更加疏远和孤独。

在咨询过程中，研究人员给他们戴上了便携式手腕心率监测仪。如果两人的心率达到每分钟 100 次，心率监测仪就会发出警报。同时，研究人员要求他俩在讨论任何问题前，都要带上心率监测仪。如果心率监测仪发出警报，双方就必须停止谈话，休息并舒缓一下，然后再重新开始讨论。研究人员还会教他们如何进行自我舒缓，并帮助他们改进冲突讨论的方法。

这种干预方法成了双方冲突的润滑剂。很快，双方的争吵减少了，并且更容易在平静的状态下达成和解。弥散性生理唤醒状态几乎不再困扰他们。双方的讨论依然有可能变得情绪化，但不会像"末日四骑士"行为一样走向极端。他们的讨论变得更有成效了，彼此也更加亲近、更加开心，对生活又充满了激情。研究人员对他们进行了长达 10 年的追踪研究。他们的关系得到了改善，并且一直持续了下去，再也没有像在高速路上那样争吵过。

何时暂停，如何暂停

当人们处于情绪淹没状态时，需要暂停一下。有的人会觉得胃部抽搐，或牙关紧咬，呼吸急促；有的人则会觉得胳膊或腿开始抽筋；还有的人会觉得浑身僵硬，无法动弹。人们会觉得另一半的目光仿佛激光一般，一旦双方四目交接，就会被对方"烧死"。人们会突然产生要摔门而去的念头，或想要冲着对方大喊大叫，甚至想扇对方耳光。人们的脑海中会瞬间涌现许多充满愤怒和伤害性的词汇。有位被试建议："必须在事情还没有发展到不可收拾时暂停。当我注意到妻子开始不停地说话，我开始难以保持镇静了，事情就会朝着无法控制的方向发展。这个时候，我知道自己快要到达极限了，必须暂停一下。"

在对话过程中，如果以上任何一种情绪或弥散性生理唤醒状态出现了，那就有必要暂停一下。最好告诉对方自己需要休息多长时间，什么时候准备继续双方的对话。重新开始对话的时间要实际，不要告诉对方自己准备一年后再回来讨论。暂停最短需要半小时，最长可以是一天。否则，暂停看上去就会像是一种被动的攻击性惩罚。暂停最好不要少于半小时，因为在弥散性生理唤醒状态期间释放的化学物质需要很长时间才能扩散到人体的间质组织中，继而被毛细血管吸收，到达肾脏，再进入膀胱，最终被代谢掉。这样，弥散性生理唤醒状态才会消失。

有时候，人们很难从繁忙的日程中抽出空闲时间继续进行关于冲突的讨论，尤其是在想要回避讨论的情况下。一天的日程被孩子、工作、家庭生活挤得满满的，似乎不可能抽出时间重新展开讨论。但当天必须要重新开展对话，这也是双方必须努力的目标。如果实在不行，须改天再重新进行讨论，那么必须明确具体的讨论时间。只要人们确定对话会继续，那么对方通常会愿意等待。

暂停的另一个重要作用是人们可以利用这段时间来思考。人们或许会到街角转一圈、散个步，玩玩乐器、听听音乐，或泡个热水澡。在这段时间，可以做一切使自己感到舒适的事情。但如果只是反复地自我暗示，"我可不想继续忍受了。没人会这么对我说话。我要让她见识见识我的厉害"，那么就可能会陷入自己的情绪之中，暂停就起不到作用了，只会继续处于弥散性生理唤醒状态。又或者人们会开始假装自己是受害者，反复感叹："为什么我的另一半总是对我那么挑剔？我为这段关系牺牲了这么多，又有什么意义？到头来，我连一句感谢也没有听到。我再也不要和她说话了。""无辜的受害者"心态会使人们更加想要发牢骚。这一点儿好处也没有，只会让人们继续停留在弥散性生理唤醒状态中。

自我舒缓的想法才会对人们有所帮助。要记住，自己是好人，另一半也是好人。自己身上不会有的优秀品质，对方也不会有。对方会发现自己需要为冲突负责，因此不需要帮助他们发现这一点，只要做好自己的事情即可。这就意味着，人们只需要集中注意力在自己说过的话和做过的事情上。同时，想象一下自己希望从对方那里得到些什么，而非不想要什么。这样也很有帮助。例如，如果和对方说，"亲爱的，我希望你不要再用这样的语气和我说话了"，这样做毫无用处。这种话听起来很挑剔，并且显得自己居高临下。相反，可以试着和对方说，"亲爱的，我希望你温柔地小声和我说话。那样比较好"。**强调"想要什么"，而不是"不想要什么"，更容易让对方接受。**

想要发挥暂停的作用，最重要的一点在于在生理上的自我舒缓。现实生活中有上百种自我舒缓的方式：有的人喜欢在街角散个步，和别人聊聊天，看电视，或读书；有的人可能想撸猫撸狗，甚至擦地板；也有人喜欢瑜伽、冥想、弹钢琴。自我舒缓的方式非常个人化，只要对自己有帮助即可。

研究人员发现，最有效的自我舒缓方式是伴随视觉化指引的深层肌肉放松。这一过程需要 5 个步骤：均匀地深呼吸；收紧及放松肌肉；感受肌肉的沉重；感受肌肉的温暖；想象自己待在一个安静平和的地方。

以下两个练习可以帮助你学习如何放松自己。任何时候只要感到冲突加剧了，都可以试一试。

◆ **练习：制定专用休息仪式** ————————————

双方需要约定一个信号，当其中一个人出现情绪淹没状态时，需要提醒对方。很多人都愿意使用足球裁判的暂停信号，即举手示意"暂停"。这个手势必须经过双方的同意。只要任何一个人发出这个信号，另一个人必须说："等一下，你处在情绪淹没状态了，让我们停下来休息一下。30 分钟后再继续怎么样？"只有这样，"暂停"的信号才能得到对方同意。

不妨停下来花几分钟讨论以下几个问题：

1. 你们决定使用什么样的非语言性暂停信号（请使用文明手势）？

2. 当一方发出信号时，另一方能否承诺允许对方休息？如果一方正处在情绪淹没状态呢？

3. 双方如何设定好暂停时间以及继续对话？每次休息 30 分钟？还是说双方决定需要休息多长时间？

一旦双方就休息的具体方式达成共识，请继续下面的练习。

◆ **练习：自我舒缓**

双方既可以一起练习，也可以分开练习。如果一方可以向另一方大声念出以下自我舒缓的指导方法，那么效果会更好。一个人读指令，另一个人仔细听，并遵照指令操作。然后双方互换，这样双方都有机会放松。如果想要单独练习，那么请把指令录下来，每次练习时可以听指令。注意，请务必要用镇定的语调阅读指令。

请按照以下 5 个步骤操作，并在练习前后都测量一下心率。

1. 关注自己的横膈膜，均匀地深呼吸；

2. 每次收紧一处肌肉群：收紧，然后放松；

3. 感受肌肉逐渐变得沉重；

4. 感受肌肉的温度；

5. 想象自己待在一个安静平和的地方。

以下是自我舒缓的具体指导方法。

找一个舒适的姿势，坐下来或躺下，感到舒适即可。

首先，深呼吸。把手放在腹部上。深吸气、深呼气，保持呼吸的稳定。吸气时，感到腹部向外鼓起。然后，缓慢地吐气，感受腹部向内收缩。吸气时，腹部向外扩张；呼气时，腹部向内收缩。就这样吸气、呼气。吸气时，心中默数"1，2"；呼气时，心中从1默数到4。保持缓慢、平稳、自然的呼吸。理想的节奏是每分钟10次呼吸。

在此期间，任由你的思绪流动，仿佛自己躺在一朵云上，懒懒地漂浮着，在天空中放松。只有思维在流动。现在，让我们正式开始。

先从腿部开始。抬起左腿，用力勾起脚尖，收紧腿部肌肉。接着收紧大腿，再收紧小腿，继而收紧整条腿的肌肉。保持肌肉收紧的状态，心中从1默数到4，然后放松。再抬起右腿，重复同样的步骤。彻底放松腿部，感受力量在腿部流动，深入地面。彻底放松，深吸一口气，然后缓慢地呼气。感受地板（或椅子）支撑双腿，双腿逐渐变得沉重。接着，双腿开始变得温暖起来。手臂、双手和双腿都变得越来越沉、越来越温暖。

让思绪在"云端"漂浮，同时感到非常放松，一直自由自在地漂浮。

接下来，将注意力转移到背部。扩胸，收紧背部，并感受背部的紧张。保持这个姿势，心中从1默数到4，然后放松。放松整个背部、腿部、双脚，一直到地板。彻底放松。深吸气，深呼气。深吸气，再缓慢地呼气。感受到地板（或椅子）完全支撑身体。背部变得十分沉重、温暖，仿佛躺在一条温暖的毯子上。

现在，将注意力转移到腹部。向内收腹。保持住，心中从1默数到4，然后放松。彻底放松腹部。深吸气，然后缓慢地呼气。深吸气，然后呼气。感受腹部变得越来越沉、越来越温暖，仿佛刚喝过一杯温热的牛奶一样。

让思绪在"云端"漂浮，同时感到非常放松，自由自在地漂浮。

AND BABY MAKES THREE
幸福的家庭

再将注意力转移到手臂。向前抬起手臂，向反方向（天花板）延伸。用力握拳，然后伸直并拉伸手指。握紧手臂，保持住紧张感，心中从 1 默数到 4，然后放松，放下手臂。让所有力量放松，感受力量流过手臂，一直汇入地面。深吸气，然后缓慢呼气。感受地板（或椅子）支撑手臂。感受手臂变得沉重，仿佛灌满了铅。感受这种温暖而沉重的感觉。将注意力集中在手臂。深吸气，缓慢地呼气。

让思绪放松，轻轻地漂浮在"云端"。

将注意力转移到双肩。耸肩，用力将肩膀贴向耳朵，越近越好。心中从 1 默数到 4，然后彻底放松。释放所有压力，让压力顺着肩膀、手臂、大腿、双脚一直流到地面。感受地板（或椅子）完全支撑住自己。感受脖子和肩膀变得放松和温暖。深吸气、深呼气。再次深吸气，然后缓慢均匀地呼气。

让思绪放松，轻轻地漂浮在"云端"。深吸气、深呼气。再次深吸气，然后缓慢而均匀地呼气。

再将注意力转移到面部。轻轻收紧下巴。心中从 1 默数到 4，然后放松。将下巴往一个方向缓慢绕圈，然后向反方向绕圈。抬起眉毛。心中从 1 默数到 4，然后放松。轻轻紧闭双眼。保持双眼紧闭，心中从 1 默数到 4，然后放松，释放所有压力。深吸气，缓慢而均匀深呼气。

想象自己站在一条温暖的瀑布下面：感受水流冲刷身体，将所有的紧张和压力都冲走。压力、紧张、不安都随着水流流走：从头部、肩部、手臂、双手流动走，一直流动到大腿、双脚，最终流入地面。身体彻底放松，感受温暖的水流。

现在，是时候进入你的"私人避难所"了，这是一个完全属于你自己的地方。在这里，你可以感受到平和、宁静，万物与你和谐统一。在这里，你感受到安心、温暖。这个地方可以是一片沙滩上、一座山巅上，也可以是一条温暖的瀑布下，或凉爽的森林中、舒适的房间里。它或许很凉爽，飘着温柔的雨丝，也可能晴朗、温暖。

想象这里的每一个细节，感受它的形状、颜色、模样。倾听每一个声音，感受每一丝气味。感受风轻轻地吹过皮肤。享受这里的一切。花一点时间享受这个完全属于你的"私人避难所"。这是完全属于你自己的地方。任何时候，只要你想回，就可以回到这个地方。只要闭上双眼，你就可以进入这个地方。这里永远只属于你。现在，深吸气，再缓慢而深长地呼气。当你完全准备好了，就回到这里。准备好了吗？睁开双眼吧！

学会妥协

当夫妻二人平静了下来以后，问题也都摆上了台面，下一步该做什么呢？现在，是时候妥协了：没有人彻底赢，也没有人彻底输。每个人都获得了一些自己想要的东西，每个人也都要有所屈服。

我们来看一看一群8岁的孩子是如何很好地诠释这一点的，他们已经很有逻辑了。

我们告诉孩子们："我们是咨询师，想帮助爸爸妈妈解决常常互相争吵的问题。我们想听一听你们的建议。"

"没问题。"他们认为我们的要求很合理。

"有一对夫妻，他们经常为了金钱争吵。丈夫认为妻子花钱太多了，因此很生气。妻子则想要享受人生，而不仅仅是为未来考虑，所以她喜欢花钱。她也很生丈夫的气。大家觉得他们应该怎么办呢？"

一个扎着马尾的女孩毫不犹豫地就举起了手，说："他们应当花一点钱，再存一点钱。他们需要妥协。"

就是这样。孩子们觉得这个问题已经结束了，就问道："下一个问题是什么？"

对 8 岁的孩子来说，答案如此简单，为什么成年人想不到呢？事实上，人们害怕在妥协中失去自我的核心价值。每个人都有自己深信不疑的信念、价值和人生经验。人们担心，当出现问题需要自己妥协时，会害怕自己放弃自己的坚定信念。这种感觉就像失去了自己的心，让对方赢得了一切，人们害怕自己处在一种全输的局面。而且，妥协意味着人们没有坚持自己认为最重要的东西，背叛了自我。人们会感觉问题太多，却无法问出口。妥协也意味着潜在的屈服。所以人们会抵抗、固执己见，毫不退让。如此看来，8 岁大的孩子比成年人更加明智。他们将这种情况视为双赢，这是对的。

研究人员观察到，成功的夫妻有特殊的技巧可以解决问题。首先，他们会讨论每个人最珍视的个人价值：自己需要什么，自己不能放弃什么。他们仔细地划定彼此的领地，但确保个人的领地尽可能地小。然后，等感觉安全了，他们会定义自己觉得可以灵活处理的事情，这些事情对他们来说没有那么重要。这样，他们才感到足够安全，可以互相妥协，因为他们的核心价值受到了保护，并且对方也接受了。研究人员将这种方法称为"妥协双环法"。

勒罗伊和尚特尔之间就存在刚提到的金钱问题。勒罗伊很小气，他的朋友都形容他"非常抠门"。他也承认这一点。他努力工作，在认识尚特尔之前，已经存下了一些钱。他远远谈不上富裕，但还是有一些积蓄。勒罗伊也曾遇到过很多诱惑，但他坚持谨慎地花钱，因此积蓄越来越多。他目睹朋友将钱花在大额投资、汽车甚至盛大的宴会上，他认为这样做太浮夸了，也很肤浅。

尚特尔和勒罗伊就金钱问题发生过很多争执。其中一个问题是，他们究竟应该花多少钱在娱乐上，尚特尔生完孩子之后应该花多少钱请保姆。孩子出生之前，尚特尔不知道如何做预算，开销毫无节制。她从来没有过信用卡，因为她花得实在太多了。尚特尔也承认这一点。她不想要总是为了未来考虑，她想要活在当下。勒罗伊也阐述了自己对于金钱的观念，他说未来想要买房子。尚特尔难道不想吗？是的，她也想，勒罗伊说。

但令尚特尔难以忘记的是，他们俩曾经每周都去跳舞，听爵士乐。勒罗伊认为，这是孩子出生前的事儿了。尚特尔说："我知道，但我觉得现在我们俩应当花更多的时间保持亲密。"勒罗伊答道："你说得对，可未来怎么办？""这个问题我也考虑过。"尚特尔说。"非常感谢你也想过这个问题。"勒罗伊回应道。然后，他们俩都笑了。

尚特尔说："勒罗伊，现在的问题是，我们可以省下每一分钱，只保留必要的开销，一点儿娱乐也没有；也可以今早有酒今朝醉，完全不为未来计划。这两种做法都是错误的。你能不能稍微妥协一下，稍微花费一点在娱乐上，我也稍微节省一点。"勒罗伊摸了摸下巴问道："好吧，那么你给我个开销的预算，到底我们花多少？"尚特尔说："你可不可以不要这么固执？"勒罗伊说道："我不固执，你得给我一个清晰的预算。"尚特尔犹豫了一会儿后说道："好吧。假设我们一个月花 300 块。这足够我找个保姆了，这样我才可以去上学，我们俩一个月也可以出去玩几次。怎么样？"勒罗伊皱了皱眉头："可以再降低一些。"尚特尔只好说："要么一个月花 200 块。"勒罗伊笑道："好的，亲爱的。"尚特尔笑着说："这已经是很大的进步了。"

他们俩打破了僵局，构建了沟通的桥梁。他们可以找到彼此都能认同的事情。勒罗伊感到自己的核心价值得到了尊重，尚特尔感到自己的核心价值得到对方的理解。双方必须要保持灵活性才能够做出妥协。现在，勒罗伊望着尚特尔说："我不知道你想去上学。你准备去学什么？"尚特尔说："以后再告诉你。"他们开始了新的话题。妥协帮助他们触及了双方关系中深层次的东西。

与勒罗伊和尚特尔不同,埃斯特和丹尼面对的是另一个问题。他们很幸运,生了一对双胞胎,目前1岁了。早餐的时光很有趣,但也吵闹不堪。当双胞胎将麦片圈扔到地上时,埃斯特很不高兴,她会冲他俩大吼,以阻止他们。然而,丹尼却觉得这只不过是个游戏而已,也想要和孩子们一起玩耍。他常嘟囔着:"就让他们玩儿一会儿吧。"

"但每次他们扔完我就得重新擦地板,他们太不尊重我的劳动了。"埃斯特说道。

丹尼回应道:"埃斯特,你一冲他们吼,他们就要开始哭了。"

埃特斯大声嚷道:"我没有冲他们吼。"

丹尼只好说:"好吧,好吧,冷静。看看我们在哪方面可以相互妥协。"

于是,他们谈到了自己的成长经验,双方的父母对各自要求都很严格。埃斯特认为,她的父母教会了她要尊重父母,这很正确。然而,丹尼却对此有不同的看法,他的父母过度严格,因此他希望可以用更宽松的方式养育孩子。他们俩的共识是,他们都希望孩子的某些行为能够有所限制,并且能够学会尊重长辈。但问题是,是否应该将规范行为放在第一位,将玩耍放在第二位?他们都不同意。丹尼说道:"那么我来负责早餐之后打扫卫生,怎么样?"

"太棒了!那么晚餐之后呢?"

"想都别想!"

"我就是想一想而已。"埃斯特笑了起来。

你在关系中的妥协能力如何?可以与另一半一起进行以下测试。

测试:你的妥协技巧如何 ————————————

仔细阅读以下描述,在符合自己情况的选项上打钩。

在解决冲突过程中	是		否	
双方通常善于解决不同点	A	B	A	B
在双方有异议时，都愿意妥协	A	B	A	B
在讨论问题时，双方通常可以找到共同点	A	B	A	B
屈服对你来说并不困难	A	B	A	B
做决定时有舍有得，这并不是一个问题	A	B	A	B

如果以上5个问题中，3个及上的选项为"是"，那么你的妥协能力还可以。不过即使如此，也请你完成以下练习，逐步改进你的能力。如果你们两个中任何一个人选择"是"都少于3项，那么你们还有很多的地方需要改进。同样，也请完成以下练习，或许你们的妥协能力会很快得到提升。

✦ 练习：提升妥协技巧

为了在某件事上达成妥协，首先考虑你希望从这件事上获得什么。找出一项积极的需求：你想要达成什么目标？如果你可以挥舞魔法棒立刻实现自己的目标，你想要什么？

第一，界定双方都绝不愿意妥协的最小范围的核心需求。你们的核心需求是什么？这样，你们才能感到安全，并且从非此即彼的状态转换到追求双赢的状态。请界定你们想要什么，什么是你们生命中必须拥有的东西。

第二，界定你们的灵活区域。在灵活区域，双方可以满足自己的需求。

第三，达成暂时的妥协。妥协有不同的层级，在尊重对方的前提下，讨论双方在这个问题上可以做什么，不能做什么。

如果感到双方关系僵住了，可以询问彼此以下的问题：

1. 在这个问题上，你们可以给对方提供什么样的情感支持？

2. 你能不能理解，为什么这个核心价值对对方如此重要？如果不能理解，请礼貌地询问："请告诉我你需要什么？为什么需要它？"

3. 双方都认同什么？双方各自想要达成什么样的目标？双方可否达成共同的愿景？

4. 怎样才能更好地尊重对方的需求？

5. 双方有哪些共同点？

6. 如何理解现在的情况？

7. 这些目标如何才能实现？

8. 灵活区域在哪里？问题出现时，双方能否屈服？屈服的程度、代价又各是什么？

将自己的领域划分成不可妥协的区域和灵活区域两块，并回答以下问题：

不可妥协的核心价值是：＿＿＿＿＿＿＿＿＿＿＿＿＿＿＿＿＿＿＿

你的灵活区域是：＿＿＿＿＿＿＿＿＿＿＿＿＿＿＿＿＿＿＿＿＿＿

对方不可妥协的核心价值是：＿＿＿＿＿＿＿＿＿＿＿＿＿＿＿＿＿

对方的灵活区域是：＿＿＿＿＿＿＿＿＿＿＿＿＿＿＿＿＿＿＿＿＿

主动修复

前文曾将沟通与打棒球联系起来，毫不夸张地说，沟通的成功率和棒球的命中率一样低，都只有 0.3。这就意味着在 70% 的时间内，人们你来我往，像两名击球手一样，因此沟通常常出现失误。

更糟糕的是，人们的用词常常会伤害对方。人们脱口而出就是反驳，很令人厌烦；而当对方寻求帮助时，人们只会回以侮辱。对方原本想寻求关注，然而只能落空。人们整夜醒着照顾婴儿，因此无法理解对方，这也在情理之中。有时候，人们由于过于疲劳，甚至连如何回应对方都不在乎了。双方之间的沟通都打了水漂。那到底应该怎么办呢？

答案很简单：搞砸了一件事，就试着去修复它。修复的方法可能是几句简单的话，也可能是一个手势。就像在棒球场上一样，通过一个简单的手势，双方就又是一个队友了。不过，修复需要双方的共同努力才能起作用。

在过去的几年里，我们和约翰的学生贾尼丝·德里弗（Janice Driver）和安伯·塔贝尔斯（Amber Tabares）一起研究了夫妻关系的修复过程。研究显示，成功的夫妻采用了完全不同的修复策略。他们不仅主动修复双方关系，也愿意接受另一半做出的努力。相反，在一段失败的关系中，人们要么不去修复双方关系，要么就是当对方试图修复时冷漠对待。

这项研究也让我们明白，世界上并没有所谓完全"正确"的修复方法。**要想让修复起作用，一方要愿意修复，另一方也要愿意接纳。**下面就是一个典型的例子。

杰克抱怨说，下个月孩子出生后，妻子珍妮的父母要过来和他们一起住 3 个月。

珍妮说："他们来有什么问题吗？到时候我需要人帮忙。"

杰克回应道："我会帮助你的。"

珍妮说道："你一个人不够。"

杰克一下子不开心了："太谢谢你'体谅'我了。"

珍妮意识到自己说错了话，立刻补充道："我不是这个意思。我们是好搭档，你真的很棒。"

杰克的语气也软了下来："你是对的，谢谢你。"

珍妮回应道："不客气……那么关于我父母来住的事……"

珍妮意识到自己冒犯了杰克，于是迅速改变了沟通方法，确保杰克感受到了自己的尊重和感谢，并明确地告诉他，即使孩子出生之后他们依然是好搭档。杰克接受了珍妮所做的努力，并为此表示感谢，然后他们又回到了正确的轨道上，可以继续开展对话。

修复关系的最佳措辞是"对不起"，人们对这句话都再熟悉不过了。当然，说"对不起"必须是发自真心的，并且愿意为此做出改变。实际上，除了说"对不起"之外，还有很多交流技巧可以帮助人们在言语过火时修复双方关系。先来进行一项测试。

测试：你的修复技巧如何

仔细阅读以下描述，在符合自己情况的选项上打钩。

解决冲突的过程中	是		否	
双方擅长在需要的时候及时休息	A	B	A	B
即使在争吵时，双方也认为需要对方	A	B	A	B
即使立场不同，双方仍然擅于互相倾听	A	B	A	B
如果事态升级，双方通常会及时转换话题	A	B	A	B
对方很擅长在你沮丧时安慰你	A	B	A	B

如果至少3项的选择为"是"，那么你们的修复技巧还不错。接下来的练习会帮助你改善更多。如果双方选择"是"少于3项，那么你们还需要进一步努力，接下来的练习则会帮助你们很快获得提升。

练习：提升修复技巧

下一次双方交流时，将下面的"修复话术"清单拿出来，仔细读一遍，再开始谈话。如果对话偏了，请在清单中选择合适的一条，大声说给对方。如果你发现对方在尝试修复，那么就尽最大努力予以接受，然后再继续对话。当双方都尝试修复时，对话听起来会像下面这样。

示例：

丈夫：我今天忘记去取比赛门票了。

妻子：你总是丢三落四。你到底是怎么了？

丈夫：（看完清单，选第29条）。我感到自己被冒犯了，你能换个措辞吗？

妻子：哎呀，那我选择第3条，我真的很生气。我只是很失望还没有拿到票。

丈夫：我也是。

可能的"修复话术"：

1. 我的反应太极端了。我很抱歉。

2. 我可能错了。

3. 我真的很生气。

4. 我们暂停一会儿吧。

5. 让我再试一次。

6. 你一定很受伤。

7. 我道歉。我情绪一下子就上来了，应该休息一下的。

8. 和我谈谈你的感受吧。

9. 我怎样才能做得更好？

10. 我现在想要对你更加温柔一点儿。

11. 让我们从头再来。

12. 我发现自己这方面的问题了。

13. 我们可以求同存异。

14. 坚持一下。先不要着急放弃。

15. 让我换个温和的方式重新来一次。

16. 我很抱歉。请你原谅我。

17. 我真的很需要冷静下来。

18. 我很害怕。你能让我更有安全感吗？

19. 帮我把问题表达得更温和一些。

20. 我做错了什么吗？

21. 我现在需要你的支持。

22. 我很受伤。

23. 现在你只需要听我说，试着理解就好。

24. 告诉我你爱我。

25. 我感到很难过。你能安慰我一下吗？

26. 你能吻我一下吗？

27. 我感到自己不被重视。

28. 请对我温柔一些。

29. 我感到被冒犯了，你能换个措辞吗？

30. 请帮我冷静一下。

31. 请不要教育我。

32. 请安静下来听我说。让我说完我想说的。

33. 我觉得你没有理解。

34. 这对我来说很重要。请你现在听我说。

35. 我需要把话说完。

36. 请你不要退缩。

37. 你是准备要劝服我，但我打断你了。

38. 我知道这不是你的错。

39. 我部分同意你的观点。

40. 我们能再聊一聊吗？我意识到自己的问题在哪儿了。

41. 让我们共同妥协吧。

42. 让我们寻找共同点。

43. 非常感谢你……

44. 我从来没有那样考虑过问题。

45. 我真的认为你的观点很有道理。

46. 我爱你。我们一起努力。

47. 我们需要达成共识，最终的解决方案必须顾及双方的
立场。

冲突复盘

我们举办过很多次工作坊活动，每次参加的人数都多达三四百人。每次活动中，我们都和大家一起讨论我们夫妻之间刚发生过的一次争吵。我们和所有的夫妻一样，随时随地都可能会有争吵。下面就是一个典型的例子。

女儿出生后的一天早上，约翰正在洗漱，他思索着："今天是个好日子。"然后朱莉走了进来，睡眼蒙眬地嘟囔道："我做了个可怕的梦。"约翰回应道："今天我很赶时间。你说说看，你梦到了什么？"朱莉解释说，在梦里，她仍然大着肚子，约翰十分冷酷，还和别的女性调情。"我很抱歉，这个梦太糟糕了。"约翰回应道。尽管约翰尽力安慰朱莉，可是当她离开浴室时，约翰不禁也开始思索这个梦，开始觉得有点儿生气。

约翰意识到，自己为了朱莉梦里发生的事情道歉。后来，他思考："我太傻了，我什么也没有做，我也没和别人调情。这是她凭空想象出来的，事实上我并没有这么做。自从女儿出生以来，朱莉总是这样。我们现在的问题难道还不够多吗？她难道真的是这么想我的吗？我付出了这么多，她却这么看我？有毛病。"

等到朱莉回到浴室的时候，约翰已经气过头了。他变得冷酷和愤怒，并大声说出了自己的感受，随后，他觉得好了一些。他自我安慰道："今天是个好日子。"过了一会儿，他听见朱莉在浴室里小声啜泣。

约翰跑进浴室，想要拥抱住朱莉。朱莉却说："别碰我，让我一个人待会儿。你现在的样子就跟我梦里梦到的一模一样。"约翰赶快离开了浴室，擦干脸，心想："今天可能不是个好日子。"

后来，两个人默默地迅速吃完早饭，就各自上班去了。

当天晚上回到家后，朱莉看着约翰，小声问道："你想要谈谈吗？"约翰摆好了架势，嘟囔道："你呢？"

"我想我们应该谈谈。"

约翰还是有点儿生闷气，说："好吧。"

因为我们已经观察过很多成功的夫妻是如何讨论彼此之间的争吵的，所以我们知道如何处理争吵。我们将这个处理过程称作"争吵余波"。

我们俩坐了下来，各自准备了一杯热咖啡。我们轮流倾听对方的感受和观点，接着轮流承认自己的错误，后来我们又讨论了如果朱莉再做类似的梦应该怎么办。最后，我们深入地分析了每次引起争吵的原因。

以下是我们的讨论重点。

第一，感受。听完朱莉讲完她的梦，约翰感到自己遭到了不公正的指控，愤愤不平，十分暴躁。而听完约翰的话之后，朱莉感到自己很崩溃，非常孤单，甚至想要逃跑，她甚至觉得自己很丑陋，不讨人喜欢。

现在，我们并没有争论各自的感受是否合理，我们只是接受这些感受是很自然的反应。

第二，陈述观点。朱莉解释说，这个梦本质上是象征性的，并不意味着她在指责约翰。朱莉此时感受到了以往曾经有过的不安全感，因为她现在需要更多的爱。约翰必须"代表"她梦中的"拒绝者"形象。约翰并没有像心理医生那样理解这个梦，反而认为这个梦是针对他个人的，因此开启了防御模式，产生愤怒，并且具有攻击性。而恰恰是这种表现，让约翰变成了朱莉梦中最可怕的那种人。

另外，约翰认为这个梦反映出自己在朱莉潜意识中的形象。他担忧自己在朱莉的心目中是一个不忠诚的人。这真的让他很生气，他觉得自己不应该被这样抹黑，因为他对朱莉非常好且充满爱意。而且，他最近一直在下厨，却没有听到多少夸奖。

在这个阶段，我们只是简单地确认对方的观点，承认对方的看法有点道理。

第三，承认自己的角色。我们不得不承认，我们并不是自带光环的天使。朱莉先这样做了。她承认自己将约翰对自己的好看作是理所当然的。约翰为家里做了那么多，自己却没有对他表示感谢。她本身是个内向的人，却要在聚光灯下对着一大群人讲课，这个新角色引发了她长久以来的不自信。或许朱莉仅仅想要得到支持，却完全没有想过，当约翰听到自己在她的梦里是个"坏人"时会是怎样的心情。

接下来，约翰承认自己最近有点儿抑郁。他申请了好几项研究基金，却都未得到批准。他压力过大，非常烦躁。又或许他太往心里去了。他从哲尔齐医生（Dr. Jekyll）变成了海德先生（Mr. Hyde）[1]。

第四，下次做得更好。朱莉表示，下次她再梦到约翰是个"坏人"的时候，她会预先提示他，自己并不是真的这么认为的，这些只不过是由于自己焦虑罢了。以后，她也会更多地关注约翰付出的努力，并为此表示感谢。约翰笑了，回应道："只要稍微有一点夸奖，自己就更有耐心去听朱莉梦中的自己到底有多卑鄙。"

在朱莉做了这样的梦之后，约翰想要更好地安慰她，可他却不知道朱

---

[1] 两人都是小说《化身博士》（*Dr Jekyll and Mr Hyde*）中的人物，是文学史上首次出现的双重人格形象。

莉现在究竟需要什么，显然，愤怒不是朱莉想要的。朱莉也没有给约翰一个明确的提示。朱莉建议，下次约翰最好主动询问她的需求，毕竟她更加了解自己。

俩人握手言和。

平心而论，即使两人"消化"了这次争吵，仍然不能确保以后不再发生同样的矛盾，也不能期望以后没有争吵。就像约翰的母亲说的那样，下一次争吵又是一个新问题。人们勉强坚持一阵子，然后又犯下"错误"，不得不再次发生争吵。大多数夫妻都是这样——围绕着一系列话题反复争吵不休。而当人们最终学会处理双方的矛盾时，就能更加理解对方的人性及其内心的挣扎。通过理解对方对某一特定问题的看法，人们才可以避免再次在同样的问题上反复刺激对方。

心理学家丹·怀尔（Dan Wile）说，**人们必须要跳出争吵本身，才能够"消化"并处理争吵，最终将其抛之脑后。**这意味着双方不能再次进行争吵，无休止地互相攻击。人们必须镇静下来。只有当人们在情绪上不再对抗，才能够更加客观地处理问题。人们也需要彻底停止对抗，寻求和平。

这就好像在电视上观看回放。为了吸取经验，必须用慢动作回放。然后，人们才能够镇静下来，继而发现自己究竟做错了什么，并知道下次怎样做才能做得更好。

在争吵时，人们需要先弄清楚自己的视角、感受和想法。众所周知，每个人都有自己的观点。**平息争吵重要的一点是，必须要理解对方的观点，寻找其中的意义，并将自己的理解传达给对方。**这样，对方才可以放下争执，平心静气地讨论。

接下来的一步比较难，即人们需要为自己在每次争吵中的问题承担责任。通常，没有人愿意认错。但当人们开始愿意认错时，双方的问题就会变成了沟通问题，而非对方一个人的问题。对方也不会再咄咄逼人。也就是说，争吵永远不可能只是一方的过错。

刚才讨论的冲突是指言语上的不和，而非暴力。任何人都不应该成为暴力的受害者。如果一方不能承诺做出实质性改变，那么对方必须坚决离开。人们的终极目标是要保证自身和孩子的生存安全。

以下练习提供了清晰的指导，可用来处理冲突。如果双方之间仅剩下抱怨和防御，那么就不可能修复关系。但是，当人们承认自身的弱点并承诺今后会更加努力之后，伤害和愤怒也就慢慢消散了。

◆ 练习：争吵复盘 ───────

根据以下问题，讨论双方上一次的争吵。双方轮流回答问题，并且要告诉对方自己的答案。例如，第一个问题是，上次发生争吵时，你的感受如何：大声说出自己的真实感受。然后，倾听对方的感受。接着，回答下一个问题。在承认自己的角色这一步骤时，必须确保自己已经平静下来，这样才能避免再次发生争吵。如果争吵再次发生，那么请停止练习，休息 30 分钟，自我舒缓后再继续练习。

描述争吵时的感受

首先，仔细阅读以下的负面感受和正面感受，然后大声说出自己在争吵时的感受。对方要认真倾听。不要试图解释自己的感受，表达出来即可。然后双方互换。

负面感受：

1. 我感觉被冒犯了。

2. 在争吵时，我感觉很受伤。

3. 我感觉被排挤了。

4. 我感到愤怒。

5. 我感到悲伤。

6. 我感觉被误解了。

7. 我感觉被批评了。

8. 我感觉你并不喜欢我。

9. 我感到害怕。

10. 我感到担忧。

11. 我觉得自己是对的，而你是错的。

12. 我感到自己失控了。

13. 我感到很气愤。

14. 我感觉不公平。

15. 我感觉自己没有得到感激。

16. 我感觉自己没有吸引力。

17. 我感觉自己被忽视了。

18. 我感觉很恶心。

19. 我不赞成你说的。

20. 我在道德层面感觉很愤怒。

21. 我感觉你认为我的付出是理所当然的。

22. 我想要离开。

23. 我感觉被情绪淹没了。

24. 我感觉很无助。

25. 我感觉自己没有用。

26. 我感觉自己的观点并不重要。

27. 我毫无感觉。

28. 我不知道自己的感受。

积极感受：

1. 我感觉很平静。

2. 我感觉到了爱。

3. 我觉得很感激。

4. 我感觉到了尊重。

5. 我感到很开心。

6. 我感到充满力量。

7. 我感觉到了爱心。

8. 我感觉到了体贴。

9. 我感觉一切尽在掌握之中。

10. 我感觉到我们正在进步。

11. 我感觉到了我们之间的联结。

12. 我感到很积极。

其次，总结自己对争吵的看法，对方要用心聆听，然后双方互换角色。要注意避免埋怨对方，避免不同意对方的看法，也要避免再次争吵。设身处地地为对方考虑，并试图从对方的视角理解其观点的合理性。

最后，双方交流各自的看法。

承认自己在争吵中的角色

为了减少自己的防御性、攻击性或挑剔，人们需要首先理解自己在争吵中的作用。所有人都觉得发生争吵是对方的错，但通常这不是事实。实际上，双方共同制造了争吵，每个人在其中都扮演着自己的角色。但千万不要告诉对方做错了什么，而是要承认自己的问题，哪怕问题很小也值得，这样更加有助于解决问题。

让自己先冷静下来。如果还没有冷静下来，那么至少休息 20 分钟，然后再开始。在休息过程中，练习以下自我舒缓的 5 个步骤：第 1 步，均匀地深呼吸；第 2 步，收紧及放松肌肉；第 3 步，感受肌肉的沉重；第 4 步，感受肌肉的温暖；第 5 步，想象自己待在一个安静平和的地方。然后，抛开所有的负面感受，如被误解或感到愤怒等。是否感到平静了一些？然后继续。

仔细阅读以下清单，看看有没有符合自己的描述，哪怕只是稍微符合？如果有的话，告诉对方。

1. 我最近感到压力很大，容易急躁。

2. 我最近没有向对方表达感谢。

3. 我视对方所做的一切为理所应当。

4. 我最近过于敏感了。

5. 我最近过于挑剔了。

6. 我最近没有经常和对方分享内心感受。

7. 我最近在情绪上无法回应对方。

8. 我最近常会逃避对方。

9. 我最近很容易感到沮丧。

10. 我最近很抑郁。

11. 我最近心里感到很不平衡。

12. 我最近没什么热情。

AND BABY MAKES THREE
幸福的家庭

13. 我最近没有花时间为双方创造美好的事情。

14. 我最近不太愿意倾听。

15. 我没有表达自己的需求。

16. 我最近感到自己身处苦难之中。

接下来，描述自己是如何引发双方争吵的。

如何改进

温和地告诉对方一个可以改进的方面，这样可以避免同样的问题再次发生。接下来，再说出一个自己会改进的方面。

仔细遵照以上指导意见，就可以远离争吵，双方的关系也会更近一步。而且，下一次开启同样话题的对话时，双方或许就不会再争吵了。

了解冲突根源

弗雷德和玛莉两个人在婚前的事业都很成功。弗雷德以前是名卡车司机，开车多年以后，他终于买了一辆属于自己的拖车。后来，弗雷德拥有了自己的车队，并担任自己公司的首席执行官。前几个月，他的工作表现还可以。但后来，老板开始监督他，并提出了一些"建设性意见"。这时，弗雷德变得很暴怒，于是开启了防御模式，想要退出。

"那些人都很蠢。他们完全没有我懂得多，但却总是试图控制我。"弗雷德说道。

在和权威人物相处方面，弗雷德一直存在问题，这可以追溯到他的童年时期。弗雷德的父母原本决定不要孩子的，可他却意外地降临了。小时候，弗雷德很活泼，让父母觉得很烦。父母常常说他毁掉了他们平静的生活。对于父母那种冷酷的权威感，弗雷德表现出很强烈的叛逆心。后来，父母把他送去了寄宿学校。由于寄宿学校采取的是军事化管理，因此弗雷德非常憎恨那里，但他无处可去。就这样，他在父母的逼迫下在寄宿学校待了8年。即使到现在，弗雷德已经取得了很大的成功，却依然觉得父母瞧不起自己。父母总觉得弗雷德是个坏孩子。

玛莉住在西雅图，是一名成功的平面艺术家。她在当地颇具知名度，也创作过很多知名的作品。但是，她的童年却充满痛苦。玛莉的父亲在她尚在襁褓中时就遗弃了她和她母亲。一年后，母亲改嫁给了一名越战退伍老兵。玛莉的继父曾在战争中饱受创伤，且有暴力倾向，常常辱骂她。如果她不对继父卑躬屈膝，就会遭到毒打。有时候，仅仅因为玛莉碰巧站在继父旁边，继父也会给她一巴掌。玛莉的母亲对他则是百般顺从，却对玛莉不理不睬。玛莉时常觉得充满恐惧，并且很孤独。直到今天，玛丽一听到愤怒的声音或吵闹声也会发抖。

这两个孤独封闭的灵魂后来相遇了，当时两个人都已经过了40岁。他们很快发现了彼此的共同点，不久就结婚了。一年后，他们有了一个孩子萨米。弗雷德不敢辞去自己的工作，所以玛莉不得不休了产假，并将自己的客户介绍给了他人。她非常享受哺育萨米的过程，感受到自己正在重新塑造一个小生命。

很快，萨米就一岁半了。弗雷德却并没有很感激玛莉的付出。玛莉觉得自己所做的一切都被弗雷德视作理所应当。后来，俩人的冲突不断升级。玛莉原本很讨厌唠唠叨叨的人，但她发现自己正变得越来越爱唠叨。"你在家什么事儿也不做。"她不断地重复这句话。

冬日的一个早晨，玛莉带着萨米下楼。弗雷德已经在厨房里了，他已经将猫放了出来，正在烤松饼。

玛莉轻轻地将萨米放在地板上，然后大声吼道："弗雷德，你把门打开了，去关上！"

弗雷德吼了回去："开玩笑，你就站在门边上，你自己不能关上吗？"

"门又不是我打开的。"

"谁打开的门就那么重要吗？如果你觉得这很重要，那自己把门关上。"

"我不关，这是你的事。"

"别再闹了，你真是个无赖。"

随后，玛莉跑了出去，用力将每扇窗都打开，双手环抱胸前，愤怒地瞪着弗雷德。弗雷德也急匆匆地跑出去，一边骂骂咧咧，一边把窗户用力关上。突然间，玛莉安静了下来。萨米感到了紧张的气氛，害怕得大哭起来。等萨米哭了好一阵子，玛莉才把他抱起来，朝楼上走去。站在楼梯上，玛莉一脸厌恶，扭过头瞥向弗雷德说："你怎么能那么做！"

这两个人的争吵很值得认真分析。如此微小的一件事，最终引发了大吵大闹，太不可思议了。心理学家丹·怀尔认为，所有争吵背后都蕴藏着潜在的对话需求。如果双方展开对话，争吵就没有发生的必要。研究显示，怀尔的理论是正确的。

弗雷德和玛莉需要怎样的对话呢？答案隐藏在他们的童年经历和生活现状中。玛莉需要告诉弗雷德，她现在不能画画，每天在尿布和围裙之间打转，心里有很多不满。弗雷德将全部的家务、育儿、洗衣做饭都扔给玛莉，玛莉觉得自己被遗弃了，也没有得到尊重。更重要的是，家里已经一团糟了，弗雷德又制造了新的麻烦，难怪她快要爆炸了。不过，玛莉也很讨厌自己一直唠叨。事实上，玛莉很难向弗雷德或其他人开口提出需求，因为她小时候一无所有，她认为自己不应当得到帮助。因此，任何事情都要靠她自己，从小她的心里就起了怨恨，之后不断累积。现在，当她需要帮助的时候，她只知道生硬地指挥别人，不知道如何用其他的方式寻求帮助。

而弗雷德则需要告诉玛莉，婚姻、他的父亲以及工作让他感到应接不暇，他想要做一个好丈夫，在家里帮忙也没问题。但他完全不懂得如何做家务，也不知道如何做饭，更不知道如何做父亲。毕竟在他小的时候，有清洁工负责做所有的事情。而且，弗雷德的生命中也从未出现一个可以效仿的父亲的形象。事实上，只要玛莉温柔地指导他，他其实完全可以帮忙的。

但玛莉的语气总是那么生硬，这让弗雷德完全不能忍受，甚至让他想起小时候在寄宿学校被迫理发的情形，又或因为说错一句话而被铁石心肠的老师扇耳光的情形。他完全忍受不了强硬的指挥作风。对于温柔的请求，他完全可以接受；而对于愤怒的要求，他无法忍受。

所以，综合以上所有信息，究竟是什么导致了他们争吵呢？玛莉觉得，弗雷德在暗示自己他打开的门必须由她来关，这让她很生气。她觉得自己像个用人，没有得到尊重。因此，她要求弗雷德把门关上。但是当弗雷德"反抗"她，并用力地关门，还大声嚷嚷，这又让她很害怕：窗子合上的"砰砰"声像子弹一样，让她回想起自己可怕的童年。不过，她的恐惧很快就消失了，转而开始鄙视弗雷德的幼稚行为。因此，她不禁问出这样的话："你怎么能那么做！"

弗雷德则极其讨厌别人命令他。一开始，他平静且有条不紊地开始为当天做准备，结果一转头，发现妻子仿佛变成了一个丑陋的女人，妄图羞辱他、控制他。玛莉要做的不过是挪动几步，自己把门关上。但她却疯了一样，像主人一样试图指使他。弗雷德已经忍受很多年了，再也不想忍受下去了。可是，弗雷德越反抗，玛莉越闹。同时，他在潜意识里仿佛又听见父母的嘟囔："这小孩真讨厌，我恨不得他从此消失。"在这种情况下，冷静、理智并不够，他必须反抗。

弗雷德和玛莉要想更好地理解这次争吵并加深彼此的感情，他们需要说出这些潜在的压力。玛莉需要告诉弗雷德，当他在家里"砰砰"地关窗时，让她不禁想起小时候被继父虐待的痛苦经历，因此十分恐惧，她的蔑视不过是为了掩盖她的恐惧而已。弗雷德则需要告诉玛莉，她提要求的方式令他想起小时候从父母和老师那里接受的各种命令，这些命令毫无关心和爱，只是要他屈服。在厨房里，他感到自己被打压、被羞辱，因此这么多年积压的愤怒一下子爆发了。这些愤怒与玛莉无关，而是源于多年来他遭受的各种讽刺或挖苦。这种开诚布公的讨论会帮助弗雷德和玛莉理解彼此，明白彼此不过都是受了伤而想要寻求自尊的人，而非有意伤害对方。

为了避免类似的争吵，弗雷德和玛莉需要用不同的方式展开对话，以下是一种正确的方式。

玛莉：亲爱的，你把门打开了，这让我很生气。屋里很冷。你介意把门关上吗？

弗雷德：你能关吗？你离门更近一些。

玛莉：好的。但你得知道，当你把门打开，让我去关上的时候，我感觉自己像个用人。你为什么不把门关上呢？

弗雷德：是这样的，我刚洗完澡，感觉有点儿热。我准备等我凉快下来就去关门。

玛莉：原来如此。那你为什么不出门凉快一下，这样我和萨米下了楼，厨房就很暖和了。

弗雷德：我知道了。

看上去很简单吧？但如果他们不小心又要开始吵架怎么办？以下是一种避免冲突的方法。

玛莉：弗雷德，过来关门。

弗雷德：等一等，玛莉。你这样跟我讲话，让我想起来我爸、寄宿学校和那些伤害过我的老师了。下次你跟我讲话的时候，可以更加尊重我一点吗？你知道我讨厌别人对我发号施令。

玛莉：天哪，我没有意识到自己这么说了，对不起。可是我有点儿胃疼，我感觉这儿太冷了，而且萨米穿得也有点儿少。为什么你把门打开了，却要我负责关上呢？这样我觉得自己好像是个用人。

弗雷德：你说的有道理。顺便说一句，非常感谢你昨晚打扫厨房。

玛莉：不客气。但你能把门关上吗？我是你的太太，不是用人。

弗雷德笑起来：好吧，好吧。

弗雷德和玛莉向彼此坦陈自己的脆弱，而非发号施令，也没有侮辱对方。弗雷德向玛莉坦白，她尖锐的声音揭开了他的情绪伤疤。玛莉注意到了，却没有彻底转变，还在抱怨，但她降低了音调，这样弗雷德就能更好地理解她的话了。他们只是稍微改变了一点儿，但最终的结果是双方都得到了彼此的尊重。

当人们对对方的需求保持敏感，同时又能够清晰地表达自己的需求时，就可以避免刻薄的语言，从而进行真诚而关切的沟通。

深入地分析一次争吵对了解自己的脆弱点来说是个不错的方法。不妨回想一下最近的一次争吵：是不是蕴含了你个人过去的生活经验？对方是不是无意中戳破了你的伪装？对方的行为是不是让你想起曾经伤害过你的人？过去的一些背叛或失去至今仍然时不时地刺痛你，你是不是应该给对方一些提示，这样就可以避免出现问题了？

下面的练习能帮你更好地理解争吵。

练习：了解冲突根源

　　以下指导有助于评估争吵的事情，并且加深彼此的感情。这张表格有助于双方平和地讨论争吵，而不是再吵一架，也有助于双方下一次的讨论更加具有建设性。选择一个想要和对方进行讨论的话题：首先，确保完全讨论了"冲突复盘"练习中的所有要点；然后，逐个单独回答以下问题，并将答案写下来；接着，和对方进行讨论，尽量不要吵架。记住，婚姻冲突中并没有所谓的"真实"，只是双方的两种不同的观点而已，这两种观点都有道理。

　　争吵中的哪一点让你觉得最难受？

　　哪一点让你觉得自己被排斥了？请在合适的选项打钩。

感受	很多	有	不多	完全没有
你觉得自己被排斥了				
没有人对你感兴趣				
你感到自己被忽视了				
你觉得自己对对方来说并不重要				
你感到自己和对方之间关系冷淡				
对方不想见到你				
其他（写下来）				

　　以下这些问题是否让你感到对方对你失去了感情？请在合适的选项打钩。

感受	很多	有	不多	完全没有
你感受不到对方的感情				
你觉得对方对自己很冷漠				

感受	很多	有	不多	完全没有
你感到对方拒绝自己				
你感到对方很挑剔				
你对对方毫无感情				
你感到对方没有吸引力				
其他（写下来）				

以下这些问题是否让你感觉自己没用？请在合适的选项打钩。

感受	很多	有	不多	完全没有
你在讨论中没有地位				
你感到无法影响对话的走向				
你感到对方对自己缺乏尊重				
你牺牲了自己的自尊				
你感觉对方会打压你				
你完全无法说服对方				
其他（写下来）				

　　接下来，和对方交换答案。看一看对方的问题是否和你的过去有关联，是否让你想起了一些过往。如果有，试着和对方讨论一下。当然了，讨论中难免会存在一些困难。你能明确说出引发你过往体验的事情吗？你未来会用哪种方式来应对它们？

　　总结双方的答案，然后弄清楚双方需要开展什么样的对话。一起讨论双方的答案，然后写下来。

　　你需要告诉对方：＿＿＿＿＿＿＿＿＿＿＿＿＿＿＿＿＿＿＿＿＿

　　对方需要告诉你：＿＿＿＿＿＿＿＿＿＿＿＿＿＿＿＿＿＿＿＿＿

化险为夷

你有没有一些一直未曾解决的问题？就像小狗转圈追自己的尾巴一样，怎么也追不到。我们在研究了很多对夫妻之后发现，除了衣服和发型变化之外，许多夫妻年复一年地困扰于同样的问题。

他们看上去不同，但存在的问题却是一样的。对他们进行分析之后，我们感到非常震惊：**夫妻之间 69% 的问题都是重复性的。**

年复一年，这些问题一直在困扰着人们。这些问题源于人与人之间性格、生活方式和需求的本质不同。这些都是人们与生俱来的。例如，一方很准时，另一方却总是迟到；一方热爱社交，另一方却很害羞；一方很整洁，另一方却邋邋遢遢；一方很节俭，另一方却大手大脚；一方喜欢共同生活，而另一方则喜欢独立；一方常常情绪波动，另一方则很冷静；一方喜欢卿卿我我，而另一方则希望有自己的空间……不同的人格特征刻在人们的骨子里，使得人与人之间区别开来。人们的人格特征可能并不完美，甚至很尖锐，与对方格格不入。但最终，对方忍受了自己。这些人格特征决定了人们的面貌。人们无法打败自己的本性，所以才会年复一年地和伴侣发生同样的冲突。

当人们选择伴侣时，也是在选择未来几十年可能发生的双方关系的议题。正如怀尔写的："选择伴侣意味选择了一系列的问题。"比如下面的例子。

保罗和爱丽丝结婚了。爱丽丝在派对上总是很放得开，而保罗则很害羞，很讨厌参加派对。可是，如果保罗和苏珊结婚了，那么在他们还没去派对时就会大吵一架。因为保罗总是迟到，而苏珊痛恨等人。苏珊非常敏感，会觉得保罗认为自己等他是理所当然的。保罗则觉得，苏珊这种抱怨只不过是为了控制他，而他对此也很介意。

那么，如果保罗和盖尔结婚了呢？或许他们根本不会去派对，因为盖尔还要为前一天保罗没有帮忙做家务而生气。对盖尔来说，保罗不帮忙让她觉得自己被抛弃了。盖尔对这一点非常敏感。对保罗来说，盖尔的抱怨也是试图在控制他，所以他很介意。

同样的问题也会发生在爱丽丝身上。如果爱丽丝和史蒂夫结婚了，她会面临相反的问题，因为史蒂夫在派对上会喝的酩酊大醉，爱丽丝就会很生气。两人就会吵架。如果爱丽丝和安迪结婚的话，他们两个在派对上都会很愉快，但回家后两个人就会吵架，因为想要更加亲密时，安迪想要亲热，而爱丽丝只有在双方感觉很亲密时才会想要亲热。

在人们过度疲劳时，比如在婴儿出生之后，经常会反复陷入这些问题之中。在这种情况下，问题会难以处理，因为人们缺乏能量来对应对。

以下是一个例子。

马丁成长在一个拥有 6 个兄弟姐妹的大家庭中。他的父母同时需要关注 7 个孩子，所以每个孩子都得不到太多关注。所有的孩子在家里都很勤劳，早上起床立刻叠被子，轮流洗碗，年长一点的孩子还会负责照看年幼的弟弟妹妹。过生日的时候，每个孩子都可以得到一张贺卡和一个小礼物。这就是父母能够给予他们的全部了。马丁想要更多，但他只能接受现状。

玛琳是她家里唯一的孩子。她的父母雇了一名用人，所以玛琳从小到大根本不需要做家务。过生日的时候，玛琳的父母会为她准备盛大的生日派对。在生日派对上，她会收到自己最喜爱的巧克力软糖蛋糕、皇冠以及其他很多礼物。

后来，马丁和玛琳相爱了，接着两人结了婚，但婚后他们常常吵得不可开交，尤其在关于保持家庭整洁和照顾孩子方面，他们总是无法达成共识。玛琳感到她对家务的随意态度使得马丁很不满，而马丁则认为他承担了太多的家务。玛琳希望给宝宝许多礼物，而马丁则觉得这样会惯坏孩子。这样的争吵仿佛永不停止，因为他们的生活方式不同，而这又源于各自不同的家庭历史和价值观。

你们关系中长期存在的问题是什么？不妨做下面的测试。**要知道，如果任何一方认为一个问题是永久性的，那么它就是永久性的。**

◆ **练习：找寻永久性问题** ─────────────

仔细阅读以下表格中的每一个问题，在你觉得是永久性问题的后面选"是"，否则就选"否"。如有必要，可以自己增添内容。

记住，永久性问题源于以下问题带来的冲突：双方个性不同；双方生活需求的本质不同。

问题	是	否
整洁和条理性的不同。一方很整洁，很有条理；另一方则邋邋遢遢		
情绪性的不同。一方很爱表达自己的感情，而另一方比较内敛；一方很重视个人的情绪，而另一方则不是		
对相处时间的期待不同。一方想要更多的相处时间，另一方则想要更多的独处时间。这反映了双方在本质上对依赖或自治的需求不同		
性生活频率的不同。一方想要更多的性生活，另一方则不想要		
偏好的性爱方式不同。例如，一方觉得亲密是进行性生活的前提条件，另一方则觉得进行性生活是双方增加亲密的方式		

问题	是	否
财务观念的不同。一方更加保守，会为未来担忧；另一方则想要活在当下，想要花更多的钱		
对亲戚的态度不同。一方想要和亲戚保持距离，另一方却想要与亲戚更加亲近		
对家务的态度不同。一方想要平分家务，另一方则不是		
对待亲子关系的态度不同。一方想要花更多的时间在亲子关系上，另一方则不是		
养育子女的态度不同。一方想要更加温和地对待孩子，理解孩子的需求，另一方则不是		
守时程度的不同。一方总是迟到，另一方却很准时		
活动程度的不同。一方好动，另一方好静		
对他人的态度不同。一方更加外向，爱社交；另一方相反		
对影响力的态度不同。一方更有控制欲，偏好做决定；另一方则不是		
对工作的态度不同。一方对工作更有野心，更想要成功；另一方则不是		
对宗教的态度不同。一方更加重视宗教传统，另一方则不是		
对金钱的态度不同。一方想要节省开支，另一方则不是		
对独立的态度不同。一方更需要独立，另一方则不是		
对刺激的态度不同。一方想要生活更加刺激，另一方则不是		
生活方式不同。双方每天的生活方式存在很大差异		
价值观的不同。双方对生活的价值存在很大差异		
婚姻关系忠诚度不同。双方在性爱忠诚度或情感忠诚度上存在差异，无论是过去的经历，还是未来的期望		
其他（写下来）		

选择完以后，逐个讨论打钩的问题。

擅长处理永久性问题的夫妻会学习如何就问题展开对话。想象一下那些永远无法治愈只能与之共存的慢性病，如肠道应激综合征或驼背。偶尔，问题会突然加重，人们不得不躺倒休息或服药。永久性问题的对话就像这样。双方或许可以开展一次非常有效的对话，问题会消失一阵子。一周或一个月之后，这个问题会再次出现，双方就需要再次对话。同样的问题会年复一年地不断出现，因此双方必须要具有开展对话的能力，这样才能与问题共存。

如果双方不能对话呢？那么冲突就会发展成僵局，双方的关系就会深陷泥潭。人们无法接受对方的任何影响，只会变得沮丧。人们希望对方说："亲爱的，你完全正确。"可是，人们只会冷嘲热讽，互相诽谤及攻击对方。人们总是把对方和"自私"联系在一起。

僵局的代价是很大的。人们最终会觉得，对方甚至并不喜欢自己，更不用说爱自己了。僵持一阵子以后，双方之间的对话就开始缺乏幽默感、情感、好奇心、同情心，甚至缺乏基本的理解。

有一对在宗教问题上僵持不下的夫妻：丈夫不信仰上帝，完全不想和妻子去教堂，而妻子非常虔诚，因此她只能独自去教堂。当他们生了孩子以后，妻子希望孩子和自己一起去教堂，丈夫完全不同意，并对此进行了嘲讽。妻子觉得自己受到了侮辱："你是觉得我非常教条吗？"每次两人谈论到这个问题时，都会发生冲突，且不断升级，最终完全无法对话。后来，他们甚至想到了离婚。他们无法找到和平对话的方式，孩子成了他们勉强待在一起的唯一联结。

许多夫妻都会在类似的问题上发生持久的冲突，无法解决，最终不得不分开。而有的人则一直回避谈论这些问题，最终渐行渐远。人们似乎无法像朋友一样交谈。如果确实遇到了这样的问题，人们需要接受对方本来的样子，并为他们所做的一切感恩。换句话说，人们会幻想一段完美的关系，如对方是克隆出的异性自己——毕竟，人们总觉得自己是最完美的。

人们会想，理想中的伴侣或许真的存在，伍迪·艾伦（Woody Allen）也这么想过。在他的一部电影里，他一直在寻找一位完美的女性。后来，他找到了一位外表完美的女性，可她的智力却十分有限。之后，他又找到了一位智力完美的女性，却发现她的外表毫无吸引力。于是，他找了一位著名的脑外科医生，进行了一场精巧的手术：将以上两位女性的大脑互换：一位拥有完美的外表和智力，而另一位则在外表和智力上都有缺陷。最后，他居然爱上了后一位女性！

接受对方及其所有缺点，是开启永久性问题讨论的关键。

不妨来看看下面这个故事。

一位学生问老师为什么他一直没结婚，老师回答说："我在寻找一个完美的女人。"
学生点点头："所以，你从来没有找到。"
老师说："不，我找到了。"
学生问道："那你为什么不和她结婚？"
老师回应说："很遗憾，她在寻找一个完美的男人。"

接下来，看一看双方的永久性问题是否陷入了僵局。完成以下两个测试。如果"末日四骑士"行为不停地出现在你们的冲突讨论中，意味着你们的对话陷入了僵局。

任何一方对任意一个问题的回答为"是"的话，说明你们的关系已经陷入僵局。

实际上，很多夫妻关系都会陷入僵局。放下争议，继续对话才是解决之道。对话，是指双方针对永久性问题开展的有效谈话。有效谈话会让人感觉很愉快。**而开展有效对话最重要的前提是接受问题。**人们需要像揉面团一样看待问题：有时要用力往外推，有时则要用力往回拉。人们需要大声赞美对方，但在表达自己希望改变的需求时，则要小声说出来。当然，如果能加上一点幽默和爱，就更好了。不妨来了解一下我们在研究中观察到的一个例子：妻子希望丈夫在沮丧的时候能够多和她倾诉；丈夫则希望妻子少花点钱，多关注点账单。妻子用幽默开启了对话。

妻子：接下来，让我们回到沟通的问题上。你是怎么看我的？告诉我你的内心感受。（微笑）

丈夫：我以前说过，很多时候……我不知道怎么说……我一直以来都很安静。

妻子：是因为你确实没什么想要说的，还是你根本不想和我说？又或者是因为我当时什么也没说？

妻子虽然在抱怨，但语气温柔了，这很有用。

丈夫：我不知道。很多时候吧，我也不知道怎么说。

妻子：我的意思是，说出来的感觉是怎么样的？……这样吧，举例说吧。

现在，妻子通过举例的方式进一步弱化了矛盾，丈夫喜欢这种方式，也习惯了。

> 丈夫：嗯。
>
> 妻子：比如我们去莫比湖那次。我的意思是，我能理解你的困境。但你和我谈一谈也无妨啊，对吧？（她笑了起来，他也笑了）
>
> 丈夫：我当时有点儿崩溃了。脑子里全是要付的账单。我当时不想和你讨论这些。
>
> 妻子：好吧，很高兴你没和我谈。（她笑起来，他也笑了）但如果我们从医院回来，或类似的情况下，我还是希望你和我坦白你的感受，好吗？我也不介意你和我讨论账单的事。可就像我说的，我们不需要担心账单，我们能付多少就付多少。不要担心了。
>
> 丈夫：是的，但你看上去理解不了这个问题的严重性。每次我告诉你的时候，矛盾就出现了。
>
> 妻子：什么？当我们不需要担心账单的时候？
>
> 丈夫：是的，这就是我想要和你谈的。

丈夫提出了困扰自己的永久性问题，妻子也表达了自己的人生哲学。

> 妻子：好吧，可是我们只能付可以付的，那还有什么好担心的呢？
>
> 丈夫：因为我就是这样一个人啊！
>
> 妻子：你不应该这么做。
>
> 丈夫：你说得对，但我控制不了自己。我总是在未雨绸缪。
>
> 妻子：好吧，"未雨绸缪"先生。
>
> 丈夫：我控制不了，不过我已经吸取教训了。
>
> 妻子：好的，但我们还是需要想一个解决方案。

这个阶段，丈夫告诉了妻子他担忧的事情，这正是妻子想要知道的。因此，妻子感到和丈夫的关系更加紧密了。之后，轮到丈夫展现幽默了。

丈夫：好吧。你应该听说过有些人会为账单而担忧的吧？（微笑起来）

妻子：我确实听说过有这么一种人。（笑起来）

丈夫：我就是这种人。

妻子：我也是。

丈夫：……不管你知道不知道。

妻子：但你知道吗？我只付我能付的钱，后面的账单只有排队等着了。你不能同时把钱给所有人，尤其是你根本没有那么多钱的时候。

丈夫：这倒也没错。

妻子：好的，那我们应该做些什么呢？……

丈夫并没有中止讨论的意思，他不会轻易放弃这个机会，想继续深入讨论，解释他担心的真正原因。

丈夫：真正让我担心的是你。我们没有那么多钱，而你还去电路城公司买了一台电视机回来。

妻子：你说得也没错。但问题是……好吧，既然账单这么困扰你，我们应该怎么做呢？

丈夫：你觉得我们应该怎么做？付账。（大笑起来）

妻子：那简单。但我的意思是，我们应当有个小计划。

丈夫：我唯一能做的就是给我们俩都买了人身保险。我还能够付孩子的保险费，但我付不了我们俩的了。

丈夫最终准备告诉妻子真正的经济困境在哪里，而长久以来，他一直回避和妻子讨论这个问题。

妻子：我们的保险？

丈夫：是的。

妻子：所以你一个半月都没有付保险账单了？

丈夫：我只付了孩子的，不过我一直在努力把我们俩的也付上。

妻子：你看吧，你什么也不说，所以我一直以为我们的状况很好呢。

丈夫：是的，我知道我的这个问题。（他大笑起来，她也笑了）

妻子：你以后要跟我说实话。我们应当做的是，下次发工资的时候，我们需要坐下来，仔细计算一下保险究竟有多少，我们该怎么付。

丈夫：好嘞。

妻子：你说你每3个月付一次？

丈夫：没错。

妻子：我们需要在账单到期之前弄清楚我们究竟需要付多少钱。或许我也可以规划一下，从我的工资中拿出一部分存起来。既然你今天都这么说了……那就这么办：我把一部分工资存起来。

丈夫：那原本是我的计划，你居然先提出来了。

妻子：我们一定会想到办法的，一定会的。我们两个都要各自省点钱，一直到我们能够付清所有账单为止。我们不需要担心，尽人事听天命好了。

丈夫：说起来容易。

妻子：但总归要付的。

丈夫：我们会有办法的。

妻子：对，我们至少还可以慢慢存钱，不用一次凑齐所有的钱。

丈夫：嗯，这也正是我所想的。

妻子：太棒了。我们一起加油吧！

虽然是严肃的议题，但两人很和气地进行对话，有时甚至还会大笑。

他们坦陈彼此的不同，但却并不为此"惩罚"对方；一边容忍对方的不同，一边请求对方改变，而这两种态度是同时发生的。他们谨慎地想出了一个暂时的解决方案，因为问题不会在短时间内消失。他们讨论的是：丈夫长年沉默寡言，而妻子长年大手大脚。他们接受了彼此存在的问题，而这些问题将会一直存在下去，但这并不意味着两人要离婚。

而有些人则会让冲突陷入僵局，彼此握紧拳头，互相攻击，没人愿意改变自己的意见。每次陷入僵局，"末日四骑士"行为就会出现。个体的感受遭到蔑视，双方随时准备爆发。最糟糕的是，双方会想：解决问题的意义究竟在哪里？

从表面上看，双方可能是在讨论金钱、性或亲家等问题，这并不重要，重要的是，问题总会变得越来越糟。是因为自己还不够成熟吗？还是因为选择了错误的伴侣？或许双方需要一些解药或一些技巧来处理这些问题。需要再次强调的是，夫妻之间应当停止竞争，不要试图打败对方。双方也可以少一点控制欲，多一点自我肯定。或许有的人只是有某些深层次的精神性疾病，如边缘人格障碍等。对此，经过几年的心理咨询以后，肯定可以克服。

其实，开始研究陷入僵局的夫妻时，我们发现了他们的许多不同。他们将愤怒的话语掩藏了起来：通过争论，他们只谈及了问题的冰山一角，却避开了根本的冲突问题。他们从来不会问这样的问题："为什么这对你来说这么重要？"

懂得针对永久性问题开展对话的夫妻则会问："你这么做的原因究竟是什么？是因为童年的某些事情，你才觉得这件事特别重要吗？"成功的夫妻不仅想要了解对方表层的感受，也想了解深层的原因。

这样的问题才能带来真正有价值的讨论。例如，妻子并不是单纯只想省钱而已，她想要避免破产，因为自己以前曾经经历过。而丈夫也不是单纯地想要乱花钱，他只是希望能够四处旅行，享受现在，因为他父亲在50岁时就仓促地离开了人世，他不希望自己重蹈覆辙。再比如，一位男士想要给孩子买一只宠物狗，但他的妻子很怕狗。事情就是表面上这样的吗？实际上，这位男士小时候总会因为抱邻居的狗被家人痛打，而他的妻子则在12岁时被邻居家的看门狗攻击过。如果没有人追究深层的原因，那么双方就永远无法理解对方的行为。**没有理解，就没有真正的对话，也没有感情，只有彼此的攻击而已。**

僵局背后隐藏的是个人的价值、梦想和人生哲学。人们或许梦想获得自由或梦想依赖他人；又或许会梦想浪漫或渴望冷淡。金钱意味着安全感和独立感，而省钱即有可能意味着尊重家族价值观，也有可能是传统陋习。特殊的仪式即有可能是旧传统，也有可能是新习俗。打理花园即有可能让人们想起逝去的长辈，也有可能意味着和大地母亲产生联结。然而，僵局可能掩盖意义，而意义决定了人们究竟是谁。当人们有了孩子，关于家族传承的问题就会显得更加重要。人们想要传递给孩子最好的家族传统。这就是为什么很多夫妻在这些决定性问题上无法屈服的原因：人们无法屈服，是因为人们不能向自己的本心低头。

但这并不意味着双方不可能展开对话。**所有的抱怨、伤害、争夺关注、挑剔、蔑视背后，都隐藏着一种渴望。**更重要的是，所有的争吵背后都蕴含着个体独特的梦想。所以，这并不是说人们有精神病。所有人都是哲学家和空想主义者。双方应当彼此讨论自己的价值观和梦想。当停止交流时，就会发生冲突。

当然了，冲突陷入僵局并不代表亲密关系不可能。但人们只有拥有了足够的安全感，才能真正地向对方展示自己的梦想。当人们和盘托出自己的梦想时，对方才能发现自己有多美，虽然脆弱但却闪烁着光芒。有了理解，对方才会和自己一起成为追梦人，而非"梦想杀手"。

每个观点背后都隐藏着一个故事。但是要想故事得以展开，就不能有反对者的存在，也不需要思考如何解决问题或做出妥协。现在还没到这个阶段，此时应该做的是增强彼此的理解。**理解并不仅仅意味着理解对方的感受或想法，真正的理解意味着尊重对方不可侵犯的价值观、信念、经验、信仰和传统。**人们只有将紧握的拳头松开，才能真正握住对方的手，一起追寻彼此的梦想。前提是，对方不会一拳击碎自己的梦想。

接下来的练习是关于"打破僵局、尊重彼此"的。这个练习分为两部分。第一部分叫"揭开梦想的外衣"，即发现个体背后的历史故事，第二部分叫"尊重彼此的梦想"，这会帮助双方达成暂时的妥协。

以下是一个真实的对话，它能帮你更好地理解第一部分。

有一对夫妻遇到了家务问题，并就此进行对话。在对话中，他们轮流作为谈话者和倾听者。谈话者会阐述自己的立场，倾听者会询问对方的梦想、价值和生活经历。以下是对话内容：

妻子：你为什么不做？你为什么不把衣服收起来？我又不是你的用人。你把衣服扔得到处都是，太讨厌了。

丈夫：我把衣服扔得到处都是，这对你来说意味着什么呢？

妻子：你难道不爱我们的家吗？我这么努力，你为什么要把家里搞得像垃圾堆一样？你难道不珍惜我们的家吗？我花了很大的功夫来建设这个家。

丈夫：你准备建设一个什么样的家呢？

妻子：对我来说，家里必须是整洁的。如果家里乱七八糟，那么我的思维也会乱七八糟。

丈夫：你这个想法背后有什么故事吗？

妻子：我有一个单亲母亲，她一直酗酒。我经常回到家发现家里一团糟，用过的碗碟和脏衣服到处都是。我曾经发誓，等我长大以后决不生活在那种地方。我想要有一个干净整洁的家。对我来说，有秩序的家意味着平静的避难所，这样，我在家里没有任何的责任和负担，也不会孤独。没有秩序对我来说意味着混乱，完全的混乱。

丈夫：所以这就是你想要构建的平静的家？

妻子：是的。我希望有一个远离混乱的家。现在轮到你了，你来说。你把衣服扔得到处都是，是为什么？你的故事又是什么呢？

丈夫：我每天回到家，已经精疲力竭了。我一整天都在听别人的安排。家对我来说应该是一个自由自在、完全没有规则的地方，我可以彻底做自己。

妻子：规则对你来说意味着什么？

丈夫：你让我把衣服都捡起来，其实是给我制订了更多的规则。我需要去遵守这些规则。你像我的老板一样想要控制我。你站到我的"敌人"那边去了。我想要做自己，而你却不允许。

妻子：所以对你来说，家应该是一个没有规则的地方？

丈夫：是的。但不仅仅是这样。家应该是一个我可以卸下伪装，做自己的地方。

妻子：无拘无束地做自己？这背后有什么故事呢？可以跟我说说吗？

丈夫：我妈妈曾把客厅里的沙发和椅子都蒙上塑料布。可就算这样，她也不让我们小孩坐上去。客厅是为了办公用的，我们必须远离客厅。如果我们把客厅弄糟了，她会打我们一顿。我们必须遵守她的规则，否则她就会爆发。我恨那个家。

妻子：所以整洁的家意味着让你想到你的母亲？

丈夫：是的。

揭开梦想的外衣

回到前文双方选出的永久性问题。

选择一个双方都认为是僵局的争议，然后轮流作为谈话者和倾听者进行讨论。15 分钟后，互换角色。

如果你是谈话者，那么你的任务是诚实地描述你在问题上的立场。首先，仔细阅读以下的"梦想示例"，这些例子可能对你适用。然后，倾听对方的问题，描述你对这个问题的立场背后隐藏的梦想：你真正想要的是什么？尽量让对方理解。双方不要争论；解释你是如何看待问题的——尽最大努力做到诚实、坦率和描述清晰。

如果你是倾听者，你必须要让对方感到安全，这样对方才能说出自己真正的梦想。你的任务是像朋友一样倾听。你只需要问问题，一次问一个，像下面的例子中那样提问，然后倾听对方的答案。不要试图解决问题。同时，也不要对对方评头论足，更不要提出自己的观点。轮到你的时候，你再说。告诉对方，你希望听他的观点及其背后的梦想和故事。如果可以的话，告诉对方，你会支持他的梦想，并尽力在现实中实现它。

倾听者提问：

1. 这对你来说意味着什么？

2. 你的愿望或希望是什么？你的梦想又是什么？

3. 你这么做，背后是有什么故事吗？

4. 这和你的过去有什么关系吗？

5. 告诉我，为什么这个对你很重要？

6. 你的感受是什么？

7. 你还有什么其他感受吗？

8. 你希望达到什么样的目的？

9. 你的理想目标是什么？

10. 如果你得到了自己想要的，你觉得事情会变成怎样？

11. 你这么做背后有没有深层的目的？

12. 你这么做是不是和你的某些信念或价值观有关？

13. 如果这个梦想得不到尊重，你会不会感到恐惧或绝望？

谈话者可能适用的"梦想示例"：

1. 自由。

2. 平和的体验。

3. 与自然合一。

4. 发现真我。

5. 冒险。

6. 精神之旅。

7. 公正。

8. 尊重。

9. 与过去和解。

10. 治愈。

11. 了解自己的家庭。

12. 做自己。

13. 力量感。

14. 应对衰老感。

15. 发现创造力的一面。

16. 变得更有力量。

17. 克服过去的创伤。

18. 更有能力。

19. 祈求原谅。

20. 发现过去曾经丢失的部分自我。

21. 克服个人的烦恼。

22. 秩序感。

23. 更有效率。

24. 拥有可以做自己的场所和时间。

25. 真正地放松。

26. 反思人生。

27. 将重要的事情优先排序。

28. 完成重要的事。

29. 发现自我客观的一面。

30. 有能力竞争并获胜。

31. 旅行。

32. 安静下来。

33. 赎罪。

34. 计划重要的事情。

35. 完成人生的一个篇章。

36. 给某件事画上句号。

37. 爱。

关于梦想的底线在于，不能为了赢得胜利或为了在关系中施展影响力而破坏对方的梦想。双方应当互相支持彼此的梦想。如果双方的梦想相关联，那就更好了。

尊重彼此的梦想

你有选择：你可以选择尊重对方的立场和梦想，也可以选择不尊重。这并不意味你必须屈服自己的梦想，而是意味着接受彼此的不同，达成初步的妥协，双方和平相处。妥协并不能消除问题。记住，问题是永久性的。所以在未来，问题总会不断地反复出现。但只要双方进行对话，问题就不会变成僵局，痛苦也会减缓。

分 3 步完成以下练习：

第 1 步，将梦想分为两部分：不可改变的部分和可改变的部分。

第 2 步，完成这个练习。首先，界定出你决不能妥协的最小核心价值。其次，界定出你可以灵活妥协的区域。最后，提出暂时性妥协方案。尊重对方的梦想也有不同程度之分。坦诚表达你能够做到的和不能够做到的。例如，你可以这么说：

1. "我能够尊重你的梦想。"

2. "我能够尊重你的梦想，并努力理解它们。"

3. "在一定程度上，我可以在经济上支持你的梦想。"

4. "我希望在某种程度上可以参与到你的梦想之旅中。"

5. 其他你想说的：＿＿＿＿＿＿＿＿＿＿＿＿＿＿＿＿＿

第 3 步，讨论尊重对方的梦想会给你带来什么样的恐惧。你想象中的"灾难场景"会是什么样的？然后提问，怎样才能缓解对方的恐惧，让对方重拾信心。

通过讨论以下问题，尽量达成暂时的妥协：双方怎样做才能支持彼此的梦想？怎样做才能尊重彼此的梦想？双方的梦想有什么共同点？双方共同的感受或最重要的感受是什么？双方共同的目标有哪些？这些目标和梦想如何才能实现？一方的可改变部分是什么？你认为实现梦想的速度有多快？你愿意为此付出多少代价？

记住，你无法影响他人，除非你接受他人的影响。

第 4 步

友谊至上

———

AND BABY MAKES
THREE

伯尼·齐尔伯格德曾是我们的一位好朋友。他是一名性学专家，人很幽默，不久前去世了。

在去世之前，齐尔伯格德完成了一项关于夫妻性生活状况的研究。他采访了很多对夫妻，其中 50 对评价自己的性生活"很满意或非常满意"，另外 50 对评价自己的性生活"不太好或很差"。齐尔伯格德发现，前 50 对夫妻在性生活中采用了更多的创造性技巧，此外，他们还将以下两件事放在了优先级：双方维持了亲密的友谊；将性生活放在优先级。而对性生活不满意的夫妻仿佛毫不关心这两点。

举个例子来说吧。基思和玛利亚很晚才生孩子。生孩子的时候，基思已经 55 岁，玛利亚已经 42 岁了。他们为孩子的到来感到欣喜若狂。可随后，他们不得不面对一些残酷的现实：孩子得了疝气，每晚啼哭不止。玛利亚是家里的经济支柱，为了工作必须要保持精力。所以基思承担了照顾孩子的任务，他每晚都要起来两三次，把孩子抱给玛利亚喂奶。早上，玛利亚会提前挤好奶，这样基思就可以用奶瓶喂孩子了。不久之后，一件不可避免的事情发生了：孩子 5 周大的时候，玛利亚必须要出差去得克萨斯州。基思再一次伸出了援手：他订了 3 张机票，全家一起去了得克萨斯州。玛利亚工作的时候，基思会在酒店照顾孩子。虽然玛利亚每天精疲力竭，但每晚她都可以在基思的臂弯里安睡。玛利亚可以感受到基思的支持和爱，也会和他分享每天的点点滴滴。对玛利亚来说，基思是她最好的朋友。

通常，当家里有了孩子，夫妻就很难为彼此的友谊留位置了，更不用说激情和浪漫了。双方忙于换尿布、喂奶、热奶瓶、叠衣服等事务，谁还会想起两人之间的友谊呢？齐尔伯格德的研究告诉我们，夫妻之间必须保持友谊，否则激情很容易褪去。那么，当夫妻忙得连话都说不上的时候，如何才能保持友谊呢？

夫妻间的友谊弥足珍贵

成功过渡到为人父母阶段的夫妻都充满智慧。他们很珍视双方之间的友谊，且始终坚持这一点。维持友谊对他们来说好像很简单。他们是这么做的：

- 建立爱的地图。
- 表达感谢、喜爱和赞赏。
- 回应而非回避对方。

接下来，我们来具体讨论以上 3 点。

建立爱的地图

爱的地图是通向对方内心精神世界的密码。就像当人们从一座城市开车到另一座城市时，必须要知道路该怎么走。在这个过程中，掌握地标、指示牌、高速公路名称、大桥位置甚至收费站位置等信息都很重要，不然人们就很容易迷失，找不到正确的方向。爱的地图有类似的作用。人们都希望找到一条路，好通往对方的内心，但怎样才能找到呢？人们需要阅读对方的内心，前提是人们必须知道对方是什么样的人。

你知道对方最爱的食物、电影、亲戚以及最讨厌的人吗？你熟悉对方的工作吗？你知道对方对工作的激情在哪里吗？对方在工作上有什么完全不能忍受的吗？对方童年最尴尬的一件事情是什么？对方最隐秘的梦想是什么？对方最珍视的价值观是什么？……

爱的地图能够帮助人们感受到彼此之间的理解，也可以让人们意识到，对方愿意了解自己是怎样的人和自己的改变。有比孩子的出生更重大的生命改变吗？孩子的出生意味着父母获得了重生。生活中的每一件事情都发生了改变，包括双方的价值观、优先事项、人生梦想，甚至气场。所以，人们需要重新认识对方，这很重要。

那么，该如何为对方的内心世界画一幅爱的地图呢？很简单，成功的夫妻告诉我们的答案是：问问题。但必须是开放式问题，不是封闭式问题。例如，"我们晚上要不要去看电影？"或"水管工来了没有？"就属于封闭式问题。开放式问题会引起一个故事，答案也更加丰富。例如，"现在孩子已经出生了，你喜欢我们的家吗？""当了父亲，你最喜欢的是哪一点？""成为母亲最难的一点在哪里？""你对孩子的童年最大的愿望是什么？"。问这样的问题实际上是在向对方发出邀请：请让我了解你，告诉我你是谁。如果人们只对对方发表声明，那么双方之间的友谊就没有多大意义了。那如何提出好的问题呢？秘诀在于：提问必须真诚，不能假装提问。不能为了提问而提问，必须保持好奇心，真诚地想要知道答案，想要倾听。以下练习会有所帮助。

练习：开放式提问

首先，仔细阅读以下"开放式问题清单"。然后，双方各选一个问题。向对方提问，并倾听对方的答案。如果时间充足，可以继续讨论其他的一两个问题。"开放式问题清单"很有趣，可以在约会中讨论。无论何时，只要有机会，就可以进行讨论。

开放式问题清单：

1. 我怎样才能成为你的好朋友？

2. 过去一年你有怎样的改变？这种改变是如何发生的？

3. 成为父亲（母亲）之后，你感到最愉悦的事情是什么？

4. 孩子出生以后，你的生活目标发生了怎样的改变？

5. 在我们成为父母之后，你最怀念以前哪些日子？

6. 你现在的梦想是什么？

7. 你现在最珍视的生命价值是什么？

8. 你遇到过的最优秀的父母是谁？为什么？

9. 我怎样才能成为更好的伴侣？

10. 孩子（或怀孕）怎样改变了我们的关系？

11. 你希望孩子继承什么样的家庭传统？

12. 你的生命中还有哪些未完成的梦想？

13. 孩子出生以后，你希望我们的生活方式怎样改变？

14. 你希望家里可以有哪些改变？

15. 你希望我们的经济状况怎么改变？

16. 孩子出生以后，你父母的家庭发生了什么改变？

17. 你在为人父（母）之后，生命愿景发生了怎样的改变？

AND BABY MAKES THREE
幸福的家庭

18. 当母亲（父亲）的感觉怎样？

19. 我们的生活怎样才能更有趣？

20. 你想要工作有怎样的改变？

21. 未来两年，你希望我们的生活是怎样的？

22. 你觉得你和自己的父亲或母亲比起来怎么样？

23. 你希望我们的孩子成为怎样的人？

24. 孩子会让你想起你家的哪个人？

25. 我们在一起之后，你最愉快的时光是什么时候？

26. 你最近有什么期待吗？

27. 对你来说，成为父亲（母亲）最大的挑战是什么？

28. 最近你最大的压力和担忧是什么？

29. 孩子出生以后，你的财务观念有什么改变？

30. 近年来，朋友或家人对你的态度有什么改变？

表达感谢、喜爱和赞赏

　　成功的夫妻往往会展现出这样一个闪光点：他们每天都会记得"感谢"、"喜爱"和"赞赏"这个词。这并不会花费很多的时间和精力。即使对方平时做的仅仅是一些小事，也值得一句"感谢"或温柔地爱抚，不需要采取夸张的姿态。当丈夫去取干洗的衣物时，妻子可以说"谢谢"；当妻子做了一个特别的甜点时，丈夫可以说"尝起来很不错"。一方清理了垃圾，另一方注意到了，就该说声"干得好"。要想成为成功的夫妻，要常常关注生活中的小事。

　　人们常常会挑对方的错，而忽视了他们的贡献。人们能很快地挑出对方的错，但发现对方的优点却很慢。人们经常忽略赞美他人，而将批评当作常用"工具"。随着时间的流逝，双方的善意没有累积，直到有一天，双方甚至不知道是把对方当作爱人，还是责任。人们必须改掉这种思维习惯。一方需要停止不断地挑对方的错，而是要用放大镜去寻找对方的优点。同样，也不要总是关注对方有什么事情没做，而需要感谢对方已经做了的事情。再比如，孩子出生后，双方大量的时间被占用了，这时，双方需要感谢对方，因为尽管他们已经很累了，却依然尽力完成了许多事情。但仅仅有赞赏和感激的想法是不够的，人们必须通过语言或行动表达出来。

也就是说，当对方正在做一件正确的事情时，说一声"谢谢""干得好"或"你太棒了"。另外，要经常说"我爱你"，这是最重要的。

◆ 练习：表达感谢

仔细阅读以下的"伴侣优点清单"，选择 3 项你觉得应当表示感谢的优点。然后，想象对方表现出这种优点的场景，并在这一项优点后面记下笔记。接着，和对方分享你的选项，双方共同回忆这段场景。当然，也可以选择多项。但不要因为对方只选择了 3 项而惩罚对方。记住，你正在培养一个新习惯，而培养习惯需要时间。

伴侣优点清单：

1. 精力充沛。
2. 领导力强。
3. 敏锐。
4. 支持你。
5. 暖心。
6. 有趣。
7. 性感。

8. 可靠。
9. 想象力丰富。
10. 有艺术眼光。
11. 值得信赖。
12. 浪漫。
13. 和蔼可亲。
14. 很会亲吻。

15. 很会交友。
16. 很会照顾孩子。
17. 会打扮。
18. 忠诚。
19. 价值观正。
20. 社会行动力强。
21. 有力量。
22. 灵活性强。
23. 善于倾听。
24. 会回应你的情绪。
25. 热情。
26. 很有爱。
27. 值得依靠。

28. 温柔。
29. 很有创造力。
30. 鉴赏力好。
31. 富有激情。
32. 优雅。
33. 热情好客。
34. 灵活。
35. 有能力。
36. 幽默。
37. 身材好。
38. 很时尚。
39. 道德感强。
40. 其他：_____。

回应而非回避对方

成功的夫妻不止有一种技巧。

在一开始，我们研究了许多成功夫妻相处的视频，没有发现他们的秘诀究竟是什么，但很快注意到：几乎每次一方要求对方关注自己的时候，对方都能快速给予关注。比如下面这个例子：

"亲爱的，你看那艘船多好看。"
"哇，真的很好看！"

我们意识到，每次寻求关注的过程实际上代表一种或大或小的需求。寻求关注的方式可能是言语性，也可以是非言语性的。"请把黄油递给我好吗？"是一个明显的信号，但"你读了报纸上的这篇文章了吗？"则会让人感觉信号很模糊。对于第一个问题，对方可能会回复"给你"。或保持沉默。而对第二个问题，对方可能会回答"别烦我了，我正在读呢"。两种回复会带来完全不同的结果：在第一种场景下，双方关系继续保持友好；而在第二种场景下，双方关系很有可能出现问题。

区别在哪里呢？在第一个场景中，一方直面对方的需求，并予以回应。而在第二个场景中，一方忽视了对方的关注需求，表现得很不耐烦，这会惹恼对方。

吸引对方的关注，实际上意味着想要和对方建立情感联结。例如，当一方叫对方的名字时，对方该如何回应？对方可以甜蜜地回答："在，怎么了？"这就是回应。而如果沉默不语或不耐烦地说："你想要干什么？"这就是回避。回应相当于在双方关系"银行"中存下一笔钱；而回避，甚至翻脸，都会使双方关系"银行"中的资产有所损失，甚至导致赤字。一旦关注需求遭到拒绝，人们就可能会一蹶不振，不太可能再次提出需求。如此一来，人们就会陷入困境。而如果积极地回应对方，甚至充满热情地回应对方，那么双方关系就会变得越来越亲密。

当对方表达需求或寻求关注时，人们应当格外重视起来，因为这对维护双方之间的友谊非常重要。关键在于如何回应对方。诚然，并不是每次的回应都完美，毕竟人不可能每次都保持完美。但在回应对方的关注需求上，人们还是应该以高标准来要求自己。人们需要提高警惕，关注对方是如何表达自己的需求的。

我们在实验观察中发现：回应会带来更多的回应。所以，人们可以从小事开始做起，积少成多，集腋成裘。**人们越愿意回应对方的需求，双方的感情就会越坚固和长久。**这些回应都是对双方关系的投资，价值千金。

◆ 练习：更好地表达与回应对方的需求 ————————

仔细阅读以下需求清单，选择其中一项，然后双方互换。一方尽可能认真地描述对方的需求。如果你是倾听者，试着询问对方，你如何做才能在未来满足他的需求。之后，你也可以时不时地回顾这个清单，这有助于更好地表达自己的需求。记住，尽你最大的努力回应对方的需求，而不要回避。

需求清单：

1. 我需要你更加亲近我。

2. 我需要你经常拥抱我。

3. 我需要你和我一起多谈谈我们的孩子。

4. 我叫你的时候，我需要你回应我。

5. 我需要你询问我的愿望。

6. 我需要你每天都和我聊聊你过得怎么样。

7. 我需要你多帮忙做家务。

8. 我需要你时不时地带我出去约会一下。

9. 我希望你不要经常开电视。

10. 我需要背部按摩或足部按摩。

11. 我需要邀请朋友来家里玩。

12. 我希望我们俩共同分担家庭琐事。

13. 我需要你为这个家和我多付出一些。

14. 我需要偶尔叫个外卖，或者由你来下厨。

15. 我希望你帮我放洗澡水，我好泡澡。

16. 我需要出门见见朋友。

17. 我希望我们能和我的父母多相处一些时间。

18. 我需要一次冒险。

19. 我希望你告诉我我看上去很棒。

20. 我希望你每天早晚都吻我。

21. 我希望你多陪孩子玩耍。

22. 我需要旅行。

友谊让夫妻在异议中保持积极情绪

以上 3 点有助于夫妻改善异议处理的方式。只有这样，双方才能更加幽默，充满爱和积极的能量，成功地应对生活中的琐事，以及用充满创意和建设性的方式面对争议。我们将这称为关系"积分"。人们需要为双方关系努力"积分"。否则，双方就会面临关系"赤字"。而只有做到以上 3 点，双方才能在异议中保持积极的情绪。成功的夫妻都懂得这么做。他们时常自嘲，甚至在彼此产生异议时，也能够理解彼此。

此外，以上 3 点也是浪漫、激情和美好性生活的基础，虽然我们一开始并没有预期到这一点。其实，人们为双方关系做的每一件积极的事情都可以说是性生活的准备工作。

认识亲密关系的变化

接下来我们来谈一谈性。或许很多人会认为，对于"如何维持夫妻性生活的活力"这个问题，人们已经了解很多了，但事实并不是这样的。例如，大部分关于性生活的书都过于不切实际。这些书给人最大的误导在于：孩子出生之后，夫妻双方的性生活与孩子出生前一样。以下是我们在实验室中观察到的一个真实的事例。

孩子出生之后，萨拉很快返回了工作岗位。每天中午，她都要急匆匆地跑到洗手间挤奶。下班后，她要立刻冲回家给孩子喂奶。她的胸部由于喂奶而让她感到十分疼痛，她整个人也疲惫不堪。她对丈夫吉姆感到很生气：他可从来不需要急急忙忙地赶回家；他的胸部也不疼。此外，性生活带给他们的感受已经与孩子出生前完全不同了。与此同时，萨拉还要继续"取悦"吉姆。萨拉并非反感性生活，而是她并没有从性生活中体会到愉悦。她变得十分冷淡，但吉姆却依然"性"致勃勃。萨拉对这样的改变感到非常沮丧，她认为吉姆应当听一听专家的建议。

有一天，萨拉专门去了一家书店，在店里足足逛了3小时，想要替吉姆找本书。

吉姆则去了一家综合性超市，并且很快发现了一本关于性生活的书。书里展示了很多新奇的性生活技巧，吉姆激动不已。他觉得萨拉也一定会喜欢这本书，于是买下了这本书。

萨拉在书店里一本本地翻看，没有找到一本表达出她的感受的书。萨拉更加焦虑了，她想或许是自己有什么问题。她沉思道："或许我和其他女性不一样。我肯定和书里提到的那些女性不一样。我一点儿也不想和吉姆亲热……"结果她什么书也没买。

回到家后，萨拉已经彻底沮丧了。而早已回到家的吉姆看上去却十分兴奋，并立即给萨拉展示了自己买的新书。萨拉只是充满蔑视地轻哼了两声。当晚他们没有亲热，还闹得不可开交。吉姆很震惊，萨拉则很绝望。当晚，两人分房睡的。

夜里，孩子入睡以后，他们轻轻地走到客厅，进行了谈话。萨拉哭了起来，坦陈自己像个怪胎，她说自己也想要有性生活，可就是提不起兴趣。吉姆用心听着，感到很担忧。接下来，他充满温情地拥抱了萨拉，并向她保证，自己会耐心等。萨拉表示很感激。

第二个星期，他们一起去看了家庭医生。萨拉向医生诉说了她的感受。医生为她开了"百忧解"。此后的一段时间，萨拉一直坚持服药。但几个星期以后，她的性欲跌至谷底：她和吉姆甚至都停止相互抚摸了。

几个月后，萨拉终于停止哺乳了，而她的性欲则逐渐恢复了。她很迟疑，但还是把这个消息告诉给了吉姆。吉姆很震惊。她解释说，或许是哺乳导致她毫无性欲。吉姆说："很有道理。"萨拉鼓起勇气，把这件事告诉给了几个年长的女性朋友。萨拉很疑惑："我为什么找不到一本讨论哺乳期女性性欲下降的书，这种现象是完全正常的啊。这让我觉得自己很不正常。有人应该写一本这样的书。"

后来，吉姆和萨拉的性生活回到了正轨，或许变得更美妙了。吉姆庆幸自己倾听了萨拉的心声。

实际上，很多这方面的书籍并不是基于夫妻的真实生活写出来的。没有一本书提到以下这样的问题：孩子出生之后，双方的亲密关系会发生怎样的变化？什么样的方式真的能对已育夫妻起作用？只有找到问题的答案，才能真正地帮助像吉姆和萨拉这样的夫妻。因此，我们和金赛性、性别和生殖研究所的茉莉娅·海曼（Julia Heiman）一起，针对已为人父母的夫妻进行了研究。

首先，我们回顾了相关研究。阿尔弗雷德·金赛（Alfred Kinsey）、约翰·马斯特斯（John Masters）和弗吉尼娅·约翰逊（Virginia Johnson）都是非常伟大的性学家，不过他们都没有针对性地研究过夫妻之间的性生活。因此，我们必须从头开始研究。我们想了解，夫妻之间的性生活和他们一天结束后的交谈方式是否有关？和他们是否一起吃晚餐有无关系？和他们互相拥抱、赞美彼此是否有关？以及和他们的冲突是否有关？

我们和许多夫妻进行了交谈，他们的孩子都已经 3 岁了。孩子出生之后，他们的性生活受到什么因素的影响呢？在过去的 4 个星期里，他们的性欲如何？我们发现，平均来说，孩子出生 3 年后，女性几乎每个星期会感到一次性冲动，而男性几乎每天都会有一次；大约每两个星期，女性才会想要一次亲密的爱抚，而男性几乎每个星期都会有两三次需求。另外，男性的性高潮次数几乎是女性的 6 倍！我们又要求双方对自己的性欲进行打分（总分 5 分），女性平均给自己打 2.95 分（性欲较低），而男性则给自己打 4.25 分（性欲很强）。

我们还请他们评价在孩子出生前，他们的性生活状况如何。结果发现，在孩子出生前，双方的性生活满意度很接近，都处在"好"与"很好"之间。而等到孩子出生 3 年后，双方的性生活质量出现了明显的下降。孩子的出生并不是性生活的催化剂，至少对女性来说不是。

为了验证以上发现，我们对实验室收集到的数据进行了分析。在早期研究中，从双方结婚开始，我们对其进行了持续 10 年的长期追踪，据此评估他们的夫妻关系质量，其中有些夫妻已经生了孩子。我们比较了有孩子的夫妻和没有孩子的夫妻，并根据他们的婚姻长短和幸福程度来进行配对比较。孩子的出生是否降低了夫妻双方的性欲、激情和性爱质量？答案确实如此：孩子出生之前，夫妻双方的爱火旺盛燃烧；而孩子的出生仿佛给双方泼了一盆凉水。或许双方之间还有一些残留的"冲动"，却没有火花了。研究结果证实了我们的理论。事实上，在孩子出生以后，很多夫妻的性生活几乎就中断了，且一断就断 3 年！另外，在孩子出生以后，男性的性需求要比女性旺盛许多。

显然，生理因素发挥了一定的作用。生孩子之后，部分女性会出现激素紊乱的情况。尤其是哺乳，会使得女性的性欲几乎完全消失了。由于性生活满意度关系到双方关系的满意度，因此当亲密感下降时，性欲也会随之下降。

当然也有例外情况，并不是每一对夫妻都是如此。例如，有些女性在生完孩子之后，性冲动比男性还要频繁。还有一些夫妻认为，孩子出生之后，他们的性生活反而变得更好了。不过，这些都是少数。

为了了解深层次的原因，我们只好打破砂锅问到底。我们询问他们是否愿意分享性生活的细节，为了确保对话在舒适的氛围下进行，我们分别单独采访了双方，以保证他们分享的内容是完全保密的，甚至连对方也不知道。我们想要弄清楚：成功的夫妻重拾性爱的秘诀究竟是什么？

答案很有趣：成功的夫妻重拾性爱的秘诀竟然是爱抚，而且是深情的、不掺杂性欲的爱抚。换句话说，即使在性欲低潮期，他们也会常常抚摸对方。女性非常希望和对方进行亲密的身体接触，当然前提是对方是真诚的。

那是什么让男性"眼前一亮"呢？实际上，当妻子用眼神鼓励自己："亲爱的，你太棒了！"丈夫就会感到妻子对自己的需求，因此会很满足。谁能想到，感受到自身的吸引力，对男性和女性来说一样重要呢？女性会通过深情地爱抚以及赞美对方来表达了自己的需求。有位丈夫说道："我可以一段时间没有性爱，只要我确信对方依然需要我就行。"换句话说，所有的积极互动都是性爱前戏。

这就意味着，当对方感到疲惫时，一方应该去做家务，这就是前戏了。当你告诉对方，她看起来多棒，这也是前戏。当一方主动照看孩子，让对方独处一段时间，也是前戏。当双方在经过疲惫的一天后彼此倾听，也是前戏。当双方早起一起散步、互相聊天，当一方在不需要时依然说"谢谢"，当一方真诚地赞美对方……这些都是前戏。那么，你会享受这样的前戏吗？

下面的测试有助于评估性生活质量，也有助于带来积极的改变。

测试：你和 TA 的亲密关系如何 ————————

分别回答以下问题，自行打分，然后相互比较答案。再分别选出表现得还不错的选项和需要改进的选项。

问题	答案	
1. 你们在情绪上很亲近	是	否
你们可以单纯地和彼此交谈	是	否
你们可以保持情绪上的联系	是	否
对方认为你的付出理所当然	是	否
对方很了解你	是	否
对方不会被情绪操控	是	否
你们会花时间待在一起	是	否
你不会被情绪操控	是	否
2. 你们的关系很浪漫，富有激情	是	否
对方会用语言表达亲昵	是	否
对方常常会表达爱意	是	否
你们常常抚摸彼此	是	否
你感觉对方很浪漫	是	否
双方常常拥抱彼此	是	否
对方会为你按摩	是	否
双方会享受亲昵的时光	是	否
双方时常拥有激情时刻	是	否
你对对方很有吸引力	是	否
你感到对方很有吸引力	是	否

问题	答案	
3.双方的性生活很好	是	否
比起对方，你想要更多的性生活	是	否
对方比你想要更多的性生活	是	否
你对性生活满意	是	否
对方能够理解你的自慰行为	是	否
你能够理解对方的自慰行为	是	否
对方对性生活很满意	是	否
双方能够就性生活问题进行谈话	是	否
你未感觉到自己在性方面有拒绝感	是	否
对方在性方面不存在拒绝感	是	否
你在性生活上需要更多冒险	是	否
对方对性生活并不感到无聊	是	否
双方能够充分地讨论性生活	是	否
双方的性需求不同不会带来影响	是	否
没有达到过高潮对你来说不是问题	是	否
你的性欲没有出现问题	是	否
对方的性欲没有出现问题	是	否
对方认为性生活的过程中很有爱	是	否

选"是"计 0 分，选"否"计 1 分，然后将所有分数加起来，如果分数≥10 分，那么就说明双方需要努力改进性生活了。

如何才能在孩子出生后依然享受高质量的性爱？下面是成功的夫妻的秘密。

如何拥有高质量的亲密关系

1. 接受孩子出生带来的改变

成功的夫妻都会接受这样一个事实：孩子的出生一定会带来改变。但他们不会被吓到，而会坚持住。他们也不会假装掩饰，而是在意识到双方都陷入了"困境"以后，会共同努力找出路。他们会成为很棒的队友，彼此同情又共同庆祝。

绝大部分女性在怀孕后体重会增加，而在孩子出生以后，她们会觉得自己没有魅力。作家戴维·巴里（David Barry）曾幽默地说过，如果妻子提问，她穿某条裙子是不是显胖，丈夫唯一能做的事就是立刻躺倒，假装心脏病发，否则任何其他回应都会惹来麻烦。研究显示，那些有了孩子的夫妻完全同意这种说法，丈夫必须完全停止他们对体重增加的任何评论意见，即要避免给妻子提出任何关于运动、饮食、着装等方面的意见，同时要保持理解、温柔和耐心。一旦发现对方有吸引力的地方，都要表示赞赏和感激。记住，所有的赞赏都是前戏。

2. 彼此提出性需求

在大部分文化中，夫妻在表达性需求时通常不太直接，而是会暗示对方。比如，当妻子说"亲爱的，这里是不是有点儿冷啊？"，那么丈夫就会说"是呀，到我怀里来吧"。丈夫接到了妻子的暗示，两人开始亲热起来。而如果丈夫说"不啊，我觉得一点儿也不冷"这样的话，妻子就可以假装自言自语"好吧，我想我可能需要穿件外套"。这样，她的面子也保住了。这个开场并不是直接表达性需求。但如果丈夫直接问"你想要亲热吗"，妻子会回答"不"，常常还带有嘲笑意味。所以，如果人们不想试探，根本不会提出需求。

不过我们的研究发现，直接表达自己的性需求会带来更好的结果。

在"舒适区"的边缘试探一下也没有什么坏处，说不定有可能带来意想不到的效果。

此外，有时双方在性生活上并不匹配，比如性生活频率，因此，双方需要妥协，比如寻找一些刺激，又或者把性生活当作礼物等。但是，任何一方都必须有说不的权利，都应当得到对方的尊重。如果一方不同意，那么绝不能够通过强迫或欺骗的手段和对方发生性行为。永远要把尊重对方放在第一位。尊重对方才有可能使对方的态度缓和。

我们的建议是，夫妻可以更直接一些：双方达成共识，在产生性冲动时，开诚布公地和对方提出性需求。并且，还要就拒绝的方式达成共识。例如，可以为彼此的性欲打分，从 1 分到 9 分：1 分代表"完全没有性欲"，9 分代表"性欲非常强"。一方可以说："亲爱的，孩子已经睡着了，今晚我感觉自己有 7 分呢。你感觉怎么样？"如果对方没有需求，可以温柔地回答："不好意思，亲爱的，今晚我感觉只有 2 分。"如果有，可以说："我今天一整天都感觉是 9 分呢，让我们开始吧！"

3. 坦诚地谈论性生活

许多人并不愿意讨论性生活。成功的夫妻有一些很好的建议，以下是他们会遵守的 4 条基本原则：

- 保持诚实，但交流方式要温柔。

- 只表达喜欢什么，而不要说不喜欢什么。

- 赞美彼此，回忆双方的一次美好的性体验。

- 保持开放性思维。如果彼此可以开诚布公，那么双方的性关系会更亲密。

在某次工作坊中，我们发现有一对夫妻完全不讲话了，于是询问了原因。丈夫坦诚地说，他在性生活方式上感到自己被冒犯了。然后我们换了个话题，问他是否愿意学习为妻子抚摸，他回应说："我只会问她，怎样感觉好，怎样感觉不好。"实际上，很多人和他的感受一样。在这个问题上，给对方反馈意见听起来感觉像是在拒绝，但当人们意识到对方的反馈只是想要更亲密一些，就不会这样想了。因此，和对方分享自己的性需求很有必要，如想要什么样的抚摸或喜欢什么姿势等。满足对方的期望有助于双方的关系更加亲密。

4. 表达无关性爱的亲密，尤其是抚摸

无论男女，不仅需要性，也需要无关性爱的亲密，尤其是抚摸。**抚摸能帮助人们更加珍视彼此，并且在情感上更加亲密，而且会让人们意识到彼此是伙伴，不是竞争对手。**

心理学家蒂法妮·菲尔德建立了一所"抚摸"护理学校。在学校里，当孩子受伤时，教师会通过抚摸的方式安慰他们。学校里也安装了很多摄像头，以确保孩子的安全。菲尔德在学校进行了一组实验，她比较了 60 种身体接触安抚方法和 60 种言语安抚方法，结果发现，53 种身体接触安

抚方法有效，而只有 3 种言语安抚方法有效。

菲尔德在全世界范围内共进行了 95 项研究，发现抚摸的效果都很明显，尤其体现在早产儿上。与接受标准治疗的早产儿相比，每天接受 15 分钟按摩的早产儿，他们的体重在 10 天内增加了 47%！此外，产后的女性也会从每日的按摩中受益，按摩的效果堪比抗抑郁药物，她们也没有出现性欲衰退。丈夫抚摸妻子的频率也增加了。因此，夫妻之间确实需要保持"抚摸"，这是一种保持联结的方式。

记住，每天 15 分钟的深层按摩。

5. 意识到彼此在性生活方面的差异

世界上没有完美的性生活方式。很多人可能听说过这样一个说法，即女性在性生活中是缓慢地累积，而男性则是快速地释放。男性一旦勃起，就想要立刻发生性关系，但此时，女性可能连想法都还没有出现。

孩子出生后，为了提高性生活质量，丈夫需要慢下来，花时间和妻子交流，温柔地爱抚妻子，让她意识到自己如此美丽，一直被爱着。妻子也可以告诉丈夫他很棒。

6. 找到合适的性生活方式

性生活满意的夫妻都明白这样一个道理：孩子是两人世界的一个小阻碍。所以有些时候，性生活最好快速解决，有总比没有强。丈夫可以为了满足妻子而采用一些特殊方式。有时，即使只有男方达到高潮也很好。有些女性表示，她们乐意把性爱作为礼物送给对方。换句话说，即使不浪漫或没有足够多的时间，夫妻之间也可以找到让彼此更加亲密的方式。记住，语言上和身体上的亲密都可以为快速性爱点燃火花。

7. 接受通过自慰达到高潮的性爱方式

爱德华·劳曼（Edward Laumann）、罗伯特·迈克尔（Robert Michael）和吉娜·科拉塔（Gina Kolata）一起进行了一项全美知名的性爱研究。他们发现，已婚夫妻和同居伴侣比单身人士的性爱频率更高。已婚男性的性生活更多，包括自慰。

我们的研究发现，在孩子出生之后，性生活满意的夫妻会积极采用不同的性生活方式，包括自慰。但如果双方无法接受自慰或从来没有讨论过，这样的方式则会事与愿违。

自慰是正常且健康的，并不肮脏，更不是一种疾病，是性生活的一种替代性方案。在家庭范围内，自慰也能有助于最大限度地维持健康的夫妻关系。

8. 分享彼此的性幻想

性生活丰富的夫妻都有着丰富的性爱想象力，他们愿意彼此分享，并且勇于实践。所有人都有特殊的爱好，它们是人们内心世界的体现。而孩子的到来打破原来的性爱"版图"。在这种情况下，夫妻必须持续讨论彼此的幻想，这样才能重新把彼此的性爱版图连接起来。

不难想到，公开自己内心的性幻想需要很大的勇气和对彼此的信任。所以，这需要一定的时间。而且，双方必须从无伤大雅的小事开始做起。

总的来说，男性的性幻想通常比较视觉化，也比较简单直接。女性的性幻想则更加情绪化，充满细节。性幻想可以是不同的角色扮演，一方可以为对方做任何令其产生性冲动的事情。

9. 讨论彼此的内心感受，不要回避冲突

如果夫妻双方知道最终会大吵一架，那么彼此就很难谈论内心世界。研究显示，很多夫妻发现自己很难和对方分享自己的一些秘密。心理学家雪莉·葛莱丝（Shirley Glass）曾说，双方关系是由"窗户"和"墙"构建的。双方筑起墙，对外保护彼此的隐私；同时，双方之间也要有窗户，使彼此之间能够开诚布公。

如果夫妻双方刻意守着一些秘密，那么在关系中可能会退缩，同时也会感到更加孤独。这些秘密最终甚至会将人控制住，影响双方关系。

所以，夫妻双方应该直接讨论自己的感受，这样才不会在情感上产生距离。

另外，孤独感也会让夫妻关系产生裂隙并逐渐变得脆弱，最终完全裂开。真正的问题在于，双方产生矛盾时，一方选择寻找掩护，拒绝对话，而对方也没有发现任何问题。

只有理解了这一点，人们才能知道如何修护彼此的关系。

很多时候，人们只是想要找个人听自己说说话，称赞自己的笑话，认可自己的魅力。生物学研究发现，当人们形成联盟。彼此亲近时，垂体会分泌催产素和抗利尿激素，这在夫妻亲近的过程中尤为明显。这些激素对

夫妻之间的情感连接能起到润滑作用。

我们还发现，保守秘密的人更容易受伤，他们会感到自己无法和对方亲近，最终导致双方的亲密关系破裂。

有了孩子以后，夫妻双方会感觉整个世界都发生了改变。因此，双方必须确保彼此参与到了"新世界"中，要分享彼此的变化，相信对方的爱可以帮助自己克服情绪的起伏。所以，双方需要谈话。

10. 优先安排浪漫的性爱

有句老话说，男人先有性后有爱，女人先有爱后有性。研究发现，许多夫妻都认同这一观点。有男性说过，当他们感受不到对方对自己有性欲时，他们就会感到有些失落。女性则抱怨说，男性不再制造浪漫，使得性生活变成了"家庭作业"一般。为了使双方都满意，夫妻需要浪漫的性爱：这需要花些时间，但会让彼此很享受。

浪漫和激情来源于彼此的友谊。如果夫妻双方忽视了浪漫，仅仅渴望快速性爱，那双方的性生活质量就得不到改善。而当双方彼此吐露心声，意识到彼此深深相爱时，性生活就成了最甜蜜的事。花时间享受浪漫看上去占用了照看孩子的时间，但事实上，父母给予孩子最好的礼物是彼此之间的爱。

因此，夫妻双方每周安排固定的约会、野餐或浪漫晚餐，不仅会滋养彼此，也会让孩子从中受益。当孩子感受到父母的爱时，他们也会更加开心。因为即使是孩子，也在"学习"成人如何处理双方关系，他们会在以后的成长过程中进行模仿。同样，夫妻双方享受了浪漫之后，会更加开心。开心的人会成为更好的父母，和孩子玩耍也会更加和谐，无论是一方还是双方。与此相反，忽视了浪漫的夫妻则会彼此"争夺"孩子的关注。一旦没有办法得到孩子的关注，很容易在关系中退缩。孩子喜欢和父母一起互动。**如果夫妻双方的关系很甜蜜，他们就可以更好地共同和孩子互动，孩子也会从中获益良多。**浪漫是彼此的蜜糖。

以下练习有助于改进夫妻性生活。记住，要表达自己的需求，而不要表达不需要的东西。只有这样，夫妻双方才能加深彼此的信任和联结。

◆ **练习：坦诚讨论亲密关系** ————————————

双方分别阅读以下 10 项内容，然后选择一项和对方进行讨论，并讨论你在性生活方面想要哪些改变。记住，对话要温柔。

1. 接受孩子出生带来的改变。

2. 彼此提出性需求。

3. 坦诚地谈论性生活。

4. 表达无关性爱的亲密，尤其是抚摸。

5. 意识到彼此在性爱方面的差异。

6. 找到合适的性爱方式。

7. 接受通过自慰达到高潮的性爱方式。

8. 分享彼此的性幻想。

9. 讨论彼此的内心感受，不要回避冲突。

10. 优先安排浪漫的性爱。

第 5 步

做不缺席的慈父

———

AND BABY MAKES
THREE

我们真的需要父亲吗

大部分影视剧里的父亲形象通常都比较冷酷、威严。有时，父亲甚至意味着独裁、危险乃至暴力。在一些情景喜剧中，父亲这个角色则总在闹笑话。而在商业广告里，父亲的形象几乎不存在。

如果商业广告的内容是育儿，那么女性有 50% 的可能性扮演孩子的母亲、养育者甚至是老师的角色。

当提到孩子的父母时，超过 50% 的书仅仅提到了孩子的母亲。如果书里提到了父亲，那么父亲的形象通常也是缺位的，并不关心和爱孩子，甚至无关紧要。在幼儿读本中，超过 64% 的读本将父亲的形象描述为单纯的家庭经济支柱。面向四年级和六年级孩子的读本或许会提到父亲的形象，但这种形象往往是恐怖、可怕的独裁者形象。

20 世纪 60 年代中期，在美国，"两班倒"成为一个流行的口号。"两班倒"指的是职业女性实际上承担着两份工作，其中一份工作就是照顾家庭。这个口号也暗示，虽然男性和女性都外出工作，但下班回家之后，男性就成了典型的"沙发土豆"，只会躺在沙发上看电视，而女性还要做饭、打扫卫生、照顾孩子。

早在 1945 年，支持"两班倒"理论的数据实际上就被收集到了。这组数据包含了男性和女性的工作时长和家务劳动时长。但数据内容仅覆盖了工作日，而不包括周末。如果将周末时间也算进来，那么父亲大约每天会花 91 分钟在家务劳动和育儿上，不包括和孩子玩耍的时长。更重要的是，典型的以男性为主导的劳动未被计算在内，包括除草、保养车辆和清理排水沟。

显然，男性还有很多方面需要努力。然而自 1965 年以来，由于女性解放运动，男性的家庭参与度一直在稳步提高。例如，研究表明，男性和孩子玩耍的时间，工作日平均为 2 小时，周末平均为 6.5 小时，大约是女性的 83% 左右。

新手父亲的工作时长也在增加。社会学家史蒂夫·诺克（Steve Nock）发现，婚姻能促使男性在工作上更加努力。男性也会将作为新手父亲的恐惧转变为工作的动力。例如，美国家庭和劳动力研究所发现，1997 年，96.8% 的父亲有一份全职工作，与之相比，全职工作的母亲比例为73.2%。此外，对于男性而言，全职工作时长平均每周比女性要多出 8 小时。这些数据都表明，无论男女，他们在家庭和职场都在努力地工作。

当然，男性和女性的家务标准是不同的。例如，对大部分男性来说，窗帘就应该和家装相搭配，更简单地说，男性认为有窗帘已经够好了，他们对窗帘的认知就只有这么多。在百老汇话剧《保卫洞穴人》（*Defending the Caveman*）中，男演员说，结婚让他第一次和女性共同居住。一天，他回家之后发现妻子在打扫卫生间，便问道："我们要搬家吗？"以前单身的时候，他清理卫生间的唯一目的就是为了拿回租房押金。

我们进行了一项研究，录下了好朋友一起玩耍的时光。被试从 3 岁的小孩到大学生都有。我们发现，即使是学龄前的小男孩和小女孩，他们也都生活在完全不同的世界里。在玩过家家的时候，小女孩喜欢扮演新娘、主妇和公主。她们抱着洋娃娃，假装它们是自己的婴儿。她们还喜欢打扮成公主和新娘的样子。可是，从来没有人见过两个小男孩穿上正式服装，假装自己是新郎或伴郎。小男孩扮演的是不是猎人就是英雄。

以下是两名 5 岁的小男孩在厨房玩耍的对话录音。

> 一个小男孩问："你知道多少东西可以杀了你吗？"
> "不知道。有多少？"他的朋友回答。
> "数也数不清。其中最可怕的是鲨鱼。"
> "鲨鱼抓不到我的，我会游泳。"
> "鲨鱼比你游得快，一口就能把你吃掉。"
> "我可以跑到陆地上。"
> "鲨鱼在陆地上也比你跑得快。"
> "我可以躲到门后面。"
> "它们可以把门吃掉。"
> "金属门也不行？"
> "它们连金属也可以咬断。"
> "那我们怎么办？"
> "我们要在鲨鱼抓到我们之前先抓住它们。"
> "好极了！"

曾有一项研究，将小女孩放在一个只有金属玩具和玩具枪的房间里，将小男孩放在只有玩具娃娃和绒毛小动物的房间里。他们分别会做什么呢？结果发现，小女孩会将玩具小卡车抱在怀里，假装它们是小婴儿，小男孩会将玩具娃娃当作冲锋枪互相打闹。

而当男性和女性建立家庭之后，男性内心的"野兽"也被驯服了。男性怎么可能知道怎样选择合适的瓷器？就像准新郎只会说："是的，那件很可爱。""可爱"是准新郎词汇里的一个新词。此外，大部分母亲很轻易地就能明白婴儿的需求，而这对父亲来说非常困难。

丈夫如果聪明的话，应当学会尊重妻子关于家庭和育儿的标准，并予以接纳。而如果妻子想要丈夫配合自己，就应当降低自己的标准，给予丈夫更多的自主权。

想要知道你对作为丈夫或父亲的男性形象有什么样的看法吗？请完成以下测试。

测试：你眼中的男性是什么样的

根据你的真实想法，在相应的"是"或"否"下打钩。

想法	是	否
大部分男性不忠实，不值得信赖		
孩子出生后，女性承担了绝大部分家务		
男性永远长不大。绝大部分男性还是个孩子		
不可能期待男性一直参与孩子的成长		
绝大部分男性在一天工作后只会躺在沙发上		
新手父亲搞不明白孩子为什么哭		

想法	是	否
绝大部分新手父亲不知道怎样照顾孩子		
绝大部分男性对孩子没有兴趣		
男性对家务的态度是能逃避就逃避		
父亲这个角色其实没有必要再存在了		
男性对女性的用处，就像自行车对鱼的作用一样		
父亲和孩子的玩耍并不是很重要		
父亲没法保证孩子的安全		
父亲常常会忘记孩子的需求		
最好自己做事情，不要想着依赖孩子他爸		

如果有 4 项的选择为"是"，那么你对夫妻关系的态度可能存在问题。请继续往下读。

接下来，请反思一下你父亲给你的印象，或许这影响了你对父亲角色的看法。

测试：你和父亲的关系如何

根据你和你父亲的关系，在相应的"是"或"否"下打钩。

情况	是	否
在你的成长过程中，父亲是缺位的		

情况	是	否
父亲很冷酷，一点儿也不温情		
父亲有时很恐怖		
父亲会打你		
父亲脾气很糟糕，会吓到你		
小时候，父亲对你说话很刻薄		
你从来没有理解父亲		
父亲并不疼爱你		
父亲从来没有告诉过你他爱你		
父亲从来都不表扬你		
父亲从来没有抱过你，也没有亲过你		
父亲让你觉得不安全		
你无法取悦父亲		
父亲从来没有表示过他为你感到自豪		
父亲从来没有出席过你的特殊纪念场合		
有时你有点儿害怕父亲		
父亲对你的母亲并不好		
父亲对你很暴力		
父亲有酗酒或滥用药物的问题		
父亲有时更喜欢你的兄弟姐妹		
父亲不公平		
父亲总是忽视你		

情况	是	否
你尽量回避父亲		
至今，父亲对你的态度让你很失望		
你从来未真正了解父亲		
父亲从来未真正了解你		

如果答案为"是"的选项超过 5 个，那么你很难理解合格的好父亲是什么样。请继续往下读。

父亲的意义超乎想象

我们需要父亲吗？答案是肯定的。父亲带给孩子的好处有很多。研究显示，父亲会为孩子提供更多自由开拓外部世界的机会，而母亲则更加谨慎。儿科医生迈克尔·约克曼（Michael Yogman）和 T. 贝里·布雷泽尔顿（T. Berry Brazelton）发现，父亲和孩子的玩耍更多地和身体活动和触觉有关，而母亲和孩子的玩耍则更多地与视觉功能和语言功能有关。**父亲和孩子的玩耍是断断续续的，而母亲和孩子的玩耍则是稳定平均的。**其他一些研究人员也发现，因为孩子很喜爱父亲灵活的玩耍方式，2/3 的两岁半的孩子会倾向于选择和父亲一起玩耍。坦率地说，父亲更有意思。

我们的研究显示，即使孩子不感兴趣，母亲还会坚持同样的游戏。例如，母亲展示给 7 个月大的婴儿一幅长颈鹿的图片，然后问："谁是动物园里个子最高的？"婴儿爬走了，他根本不在乎长颈鹿。母亲会绕到婴儿身边，再次向他展示这幅图片，他又爬走了。母亲并不想停止，又试了一次，婴儿再次爬走了……母亲的这种做法是在教婴儿要有耐心。

父亲则不同，如果婴儿爬走了，他们立刻会放弃当下的游戏。如果婴儿拿起一个玩具小卡车，父亲立刻会说"呜呜呜……"并开始和婴儿玩新游戏。例如，父亲会扮演卡车头，将婴儿背在背上，在地板上爬来爬去，还会带着婴儿滚来滚去，挠痒痒。婴儿很可能就会咯咯地笑起来。**对婴儿来说，母亲是向导，而父亲则是玩伴，二者都必不可少。**

不过，父亲也可以甜蜜温柔。研究显示，母亲一般更喜欢儿子，而父亲一般更喜欢女儿。所以，家庭里既需要父亲，也需要母亲。他们可以起到平衡的作用。

那么，父亲的游戏方式可以帮助孩子的智力发展吗？答案也是肯定的。父亲"乱七八糟"的游戏模式锻炼了孩子的自控力。针对婴儿的研究显示，父亲高能量、积极的游戏模式可以用来预测未来孩子在同伴中的形象和被同伴接受的程度。如果父亲在孩子 4 岁左右参与到他的情绪发展中来，即进行"情绪教练"（emotion coaching），那么孩子在 8 岁时更有竞争力。其他研究也印证了这一点。

20 世纪 50 年代，心理学家罗伯特·西尔斯（Robert Sears）研究了 3 000 个家庭，这些家庭的孩子都只有 5 岁。26 年后，其他 3 名心理学家重新评估了这些孩子。他们的研究问题是：哪些因素可以预测孩子未来可以成长为富有同情心的成年人？最重要的预测因素是，孩子 5 岁时父亲的参与度，而且这一点与孩子的性别无关。又过了 10 年，心理学家再次评估了这些人。这一次的研究问题是：哪些人在中年时和伴侣、孩子以及社区的关系最好？答案是那些在幼年时得到最多父亲关爱的孩子。也就是说，从 5 岁到 41 岁，父亲在孩子的成长过程中产生了巨大的影响。

研究显示，父亲通过和孩子一起玩躲猫猫和抛接球等游戏，会促进孩子未来智力的发展。积极和父亲互动的孩子，到了三年级也会展现出较高的语言能力和智商。在孩子的发育过程中，父亲需要为孩子提供情绪上的支持和回应。

父亲单纯地"出现"在孩子生活中是不够的，因为即使父亲每天都在家里，也有可能是缺位的。**冷酷、严厉、独裁的父亲会阻碍孩子的情绪发展和智力发展**。因此，如果父亲充分参与到孩子的成长中，并爱护和照顾孩子，那么孩子会成长得更好。

此外，孩子并不是唯一从中获益的人，孩子的母亲也会更加开心。如果父亲温暖又负责任，那才可能教子有方。

需要提醒的是，不止男性可以成为好父亲。无论男女都可以承担这一职责。曾有心理学家要求母亲按父亲的方式和孩子玩耍，要求父亲像母亲一样陪伴孩子。结果发现，孩子会表现得更加喜欢母亲。所以母亲也可以学会做一个好"父亲"。只不过，女性还不习惯表现得像男性一样。

人类学家佩吉·里夫斯·桑迪（Peggy Reeves Sanday）研究了194种狩猎文化中的育儿和伴侣角色，她发现，在危险时刻，等级化的家庭结构会大量出现。在缺少食物且危险重重的情况下，男性会控制自己的伴侣和孩子。他们会和自己的儿女保持距离，且只有等到儿子成年后，才会和儿子保持联系。

但在和平的环境中，父亲和母亲在家庭中的角色地位比较平等，父亲也会帮助养育孩子。当父亲和母亲的角色颠倒过来，这一点也是成立的。在父亲和母亲共同承担育儿职责，虔诚地崇拜女性图腾的社会中，战争也比较少。桑迪还发现，这些文化也比较不太容易消失。

桑迪的发现意义重大。在安全的环境中，如果男性可以平等地对待女性，同样承担养育下一代的职责，并在传统上平等地尊重男性和女性，或许战争会彻底消失。另外，在全世界范围内，女性正在心理、社会、经济和政治上进行自我赋能。

在美国，91% 的男性在婴儿出生时在场。越来越多的男大学生开始学习与家庭有关的课程。而在 30 年前，只有女性参加"带宝宝回家"工作坊。现在，很多时候，男性也会主动参加。

或许，人类的文化正处在这样一个情形中：如果父亲可以更多地参与到育儿当中来，或许人类会得到更多的和平。但人类的文化传统却阻止了父亲参与到育儿中去，这一点值得警惕。

更好的夫妻关系始于产房里的陪伴

没有人比父亲本身更加惊讶于父亲这一角色的重要性了。当我们对一些家庭中的父亲传播这个理论时，他们对此感到震惊：父亲对子女的发展真的那么重要吗？对于这一点，女性也同样感到吃惊。有位女性表示，她的丈夫一回家，就趴在地板上和孩子玩耍。她对此很生气，会抱怨："我忙了一整天，你就会玩儿！你也要为家庭做点贡献！"后来她知道了，丈夫确实在为家庭做贡献，只不过贡献的方式是和孩子玩耍。或许以后她会学着表达自己的感谢，然后再要求丈夫帮忙做家务。

新手母亲通常很快会被同样的女性圈子包围。这些女性都有育儿经验，往往会拒绝男性的参与。大部分男性则很乐意离开：谁会想要整天和尿布待在一起呢？但他们并没有意识到，给孩子喂奶、洗澡、换尿布、穿衣等活动，为他们提供了和孩子建立联结的宝贵机会。一旦发现这个秘密，他们就不会轻易离开了，但很多人离开得太早了。他们不仅被妻子排斥，也将自己排斥在孩子的成长之外。

然而近年来，男性想要从开始就参与孩子的成长。在美国，91% 的男性会陪同妻子进产房，目睹孩子的诞生。而在上一代人中，这个数字则是零：因为医院根本不允许男性进入产房。陪产重要吗？**研究显示，男性的陪产行为会加强对方的生产体验，减少双方在产后可能出现的敌意。**

所以，究竟是什么促成了这样的改变？难道是医学界突然"开窍"了，想要男性参与进来？还是说男性突然改变了？其实都不是。想知道答案，我们先来了解一下女性生育的历史。

千百年来，女性一直是在家生产的，经验丰富的助产妇和产妇陪护会帮助她们。助产妇是孕产和康复方面的医学和生理学专家，她们在女性生产前后提供帮助，并解决难产的问题。产妇陪护则为女性提供心理支持，为女性提供帮助和安慰，并为产妇按摩。她们也会回答疑问，并且帮助产妇建立信心——整个生产过程中并没有男性的身影。

到了 16 世纪，第一批男性助产士出现了。他们是由理发师和外科医生协会（Guild of Barbers and Surgeons）组织的，带头人叫彼得·钱伯伦（Peter Chamberlen）。1588 年，钱伯伦发明了产钳。随后，他和他的家族将产钳的设计方案保密了 200 年。男性助产士利用产钳夹住婴儿的脑袋，将婴儿从女性阴道里拖出来。产钳成为重要的助产工具。由于这项发明，钱伯伦家族名利双收。与此同时，女性助产士依然默默地为产妇接生，并不使用产钳。

令人惊讶的是，在 18 世纪晚期，怀孕曾被认为是一种疾病。一位名叫约瑟夫·德·李（Joseph De Lee）的医生总结道："虽然医生和普通人对将生产称作'异常现象'都很震惊，但实际上生产确实是一种疾病。"

同时，英国上层的女性开始担忧产后并发症的问题。当时，医学界公布了许多可怕的生产并发症的案例。显然，生孩子可以说是走了一趟鬼门关。

因此，这些女性根据医生的建议，蜂拥至医院生产。医生宣称，在医院生产有助于避免产后并发症的发生。事实上，产后并发症并不常见，助产妇世世代代都在应对这个问题。

在整个欧洲，底层的城市女性也一窝蜂地涌向医院。意想不到的事情却发生了。无论是上层女性还是底层女性，在医院生产的女性的死亡率开始增加：她们患上了产褥热，即产褥感染。这种感染在当时是致命的。

幸好，伊格纳茨·泽梅尔魏斯（Ignaz Semmelweis）医生在此时出现了。泽梅尔维斯当时在维也纳工作，当地有两家妇科医院。第一家妇科医院的妇产科医生，不是负责治疗重症患者的，就是负责尸体解剖的。而第二家妇科医院的医生则全部都是专门负责接生的助产士。

泽梅尔维斯发现，第一家妇科医院的产妇的产褥感染率是第二家的4倍。于是，他采用了一项建议：在手术室使用抗菌剂。直到20年后，约瑟夫·李斯特（Joseph Lister）才正式公开提出这一建议。泽梅尔维斯要求第一家妇科医院的医生在接生前使用漂白剂洗手，以杀灭从其他患者那里接触到的病菌。产褥热的发病率迅速下降了。

但整个医学界愤怒了！因为他们认为医生是绅士，绅士的手一定是干净的。泽梅尔维斯的所作所为破坏了患者对医生的信任。更严重的是，他"抹黑"了同行的声誉。因此，泽梅尔维斯不仅没有受到任何褒奖和赞美，反而被逐出医学界，最终在贫困交加中死去。

在美国，著名医生奥利佛·温德尔·霍姆斯（Oliver Wendell Holmes）继承了泽梅尔维斯的理论，继续推行这项实践。福尔摩斯医生同样遭到了同行的强烈反对。但和泽梅尔维斯不同的是，他胜利了：生产时使用抗菌剂成为医院接生的标准操作。

到 1860 年，越来越多的上层女性要求医生负责接生。可是不要忘了，这仍然是在维多利亚时代。因此，男医生为了避免直接看到产妇的生殖器，不得不伸手在她们的大衬裙下摸索。好在这样的做法并没有持续很长时间。

医院生产的另一项巨大改革是麻醉的引入。詹姆斯·扬·辛普森（James Young Simpson）医生首先在手术室引入了氯仿麻醉剂。辛普森是一个非常"幽默"的人。在一次晚宴上，他用氯仿将自己麻倒了；他还为客人使用过氯仿，只用一点儿，不至于让客人倒下。尽管辛普森脾气古怪，但其他医生仍然认识到了氯仿的妙处，并逐渐在生产过程中使用氯仿麻醉剂，以减轻产妇的疼痛。

这种做法一方面颇受欢迎，另一方面也遭受了很大的争议。英国著名的医学期刊《柳叶刀》声称，这种非自然的生产方式既会伤害婴儿，也会伤害母亲。不过，维多利亚女王则完全不同意这种说法。在她生育第 8 个孩子的时候，她有幸使用了氯仿麻醉剂。此后，反对的声音就完全消失了。

随后，其他发明也不断涌现。1882 年，一位叫马克斯·森格尔（Max Sänger）的医生在德国创造性且成功地实施了剖宫产手术。

现在轮到女性拥抱新鲜事物了。当时，绝大部分女性依然在助产妇的帮助下在家生产。到 1900 年为止，只有 5% 的女性去医院生产。而到了1939 年，75% 的城市女性会选择在医院生产。在全体女性中，这一比例是 50%。到了 1970 年，几乎所有女性都去医院生产了。

到目前为止，在绝大多数情况下，无论是助产妇还是医生，都排除了男性参与到女性生产过程中来。那么，他们究竟是如何出现在产房的呢？

当今的美国，91% 的父亲都会去产房目睹孩子的出生。而在 50 年前，这个数字是零。这一改变源自 1957 年《女士家庭杂志》（*Ladies' Home Journal*）刊登的一封信。一名护士写信给这家杂志社，揭露了她眼中女性生产时遭到的残酷虐待。

一个月后，成百上千封信件如雪片般涌来。杂志编辑将其形容为"令人震惊，值得全美关注"。一名女性写信来说，她被推进产房的时候，胳膊和腿被皮手铐绑在床上，然后被孤零零地扔在产房，足足等了 8 小时才生产。她疼痛地大声尖叫，而护士只会反复地命令她保持安静。这名女性的生产体验非常典型。

1962 年，《纽约时报》引用了 J. H. 帕特森（J. H. Patterson）的言论：当妻子生产的时候，丈夫最适合待的地方应该是酒吧。当酒保接到医院的电话之后，会告诉他他的妻子生了男孩儿还是女孩儿。之后，丈夫就可以在酒吧请大家喝酒庆祝，并高兴地给其他人发雪茄。

同一篇文章里还报道，纽约市的医院禁止父亲出现在产房。许多医生认为，他们难以控制这些"准父亲"在目睹妻子分娩过程时的行为。理论上，父亲这一角色是很危险的。至少，他们很让人分心。《纽约时报》还报道称，生产已经是完全流水线作业了。医生（通常是男医生）一次性会接生好几个孩子。医生还采用催产素来加速生产过程。总而言之，产房充满了残忍和漠视，毫无温情和体贴。

然而，改变在悄悄地发生。早在 1933 年，格伦特·迪克－里德（Grantly Dick-Read）医生在《无惧生产》（*Childbirth Without Fear*）这本书里写到，孩子出生时，父亲在场能起到积极的作用。1950 年，费尔南德·拉马兹（Fernand Lamaze）医生对这种说法表示赞同。1958 年，在西雅图，克利福德·斯通（Clifford Stone）和奥德丽·斯通（Audrey Stone）夫妇起诉了团体健康保险合作公司（Group Health Cooperative），他们的诉求是要求允许克利福德可以在奥德丽生产时在场。在丹佛，罗伯特·布拉德利（Robert Bradley）医生允许丈夫进入产房，帮助安抚妻子。

勇敢的父亲和母亲们真正推动了改变的发生。1955 年，许多父母共同组织成立了"西雅图生产教育协会"（Seattle Association for Childbirth Education, SACE）。波音飞机公司的一名工程师的妻子琼·帕滕（Joan Patten）担任了该组织的第一任主席。1955 年 4 月 25 日，该组织制作了一部长 21 分钟的彩色有声电影《分娩是全家的共同体验》（*Childbirth as a Family Experience*）。《西雅图时报》评论称，这部电影的制作人相信"父亲在分娩上的作用不仅仅是付账单而已"。

这部电影展示了一对夫妻真实的生产过程。西雅图生产教育协会将这部电影带到了纽约市生育中心协会（Maternity Center Association），并向来自美国和加拿大的 500 名父母代表播放了这部电影。随后，该协会在西雅图开始提供生产预备课程。该课程也向父亲开放。不过，在西雅图以外的地方，该组织遭到了很多人的抵制。

1960 年 9 月 22 日，在加利福尼亚州的阿克塔市，一名"准父亲"用锁链将自己和妻子绑在一起，当时他的妻子即将临盆。根据《旧金山纪事报》(*San Francisco Chronicle*)的报道，这名男子曾向亨利·弗兰克（Henry Frank）医生提出自己想要陪伴妻子生产。而弗兰克医生的回答是："绝不可能。"后来，这名男子就将自己和妻子绑在了一起。他说："她是我的妻子，我爱她。我希望在她生产的时候能够在场。"

后来，医院报了警。警察唐·曼（Don Mann）了解了情况后直挠头，不知道该怎么办。很快，这名男子的妻子生了一个约 4 公斤重的男孩，后来，男子解开手铐离开了。没有人提出任何指控。医院的管理人员说："我们只是告诉他，以后要遵守我们的规则。"

其他医院的医生听说了这件事后，纷纷收紧了自家医院的管理规定。但后来，全美的医疗机构就此开展了广泛的讨论。根据《纽约时报》的报道，纽约市生育中心主任黑兹尔·科尔宾（Hazel Corbin）表示，越来越多的夫妻向医院提出要求，允许父亲进入产房陪产。

西雅图的弗吉尼亚梅森医学中心回应了这些家庭的要求。到 20 世纪 60 年代末，80% 的父亲会事先观看生产预备讲座和影片，然后陪同妻子生产。

接着，女性的生产过程也发生了巨大的改变：产房的灯光变得柔和起来，还配上音乐。父亲们也可以参加生产预备课程。妇产科医生也希望孩子的父亲能够在妻子生产时到场。最终，父亲们终于进入了产房。

如何比你的父辈做得更优秀

大约在 10 多年前，当人们问到父亲们如何更多地和孩子互动时，这个问题本身恐怕就会让很多人惊讶。有研究显示，如果教父亲们给孩子喂奶，那么他们就会和孩子多一些互动，但这种互动仅限于男孩，而不包括女孩。

妇产科医生迈伦·莱文（Myron Levine）和罗伯特·布洛克（Robert Block）曾指导丈夫们参与到妻子生产的过程（没有并发症）。他们发现，参与过此过程的父亲与 3 个月大的婴儿的互动率，是没有参与过的父亲的两倍。加强父亲和孩子的互动可能和医生换班时间有些关系。伦敦的一项研究发现，如果儿科医生可以在傍晚时接诊，那么父亲带孩子来看病的概率就会增加一倍。

但许多研究也发现，父亲和孩子的互动程度与父母之间的冲突程度有关。这项研究的结论在各个阶层、种族和族裔都得到了验证。如果父母之间的冲突比较剧烈，且关系满意度低，那么父亲就会从互动中退出。**如果父母双方的冲突比较小，父亲就可以和孩子保持更多的互动。**

这项研究的结果非常有用。研究表明，父母关系良好可以增加父亲和孩子的互动。但在此基础上，该如何更进一步呢？我们能否通过改进父母之间的关系来增加父亲和孩子的互动？能否将这种方法在社会的不同阶层进行推广？有没有办法对医院进行改造，以便在每天都能为夫妻提供支持，而并非仅局限在生产当天？我们决定试一试。

开始这项研究时，我们意识到，这是一次很大的赌博。我们为此开发了"带宝宝回家"工作坊，希望它可以成功。

几年后，我们发现，以下一系列情况可以加强父亲和孩子的互动，减少和孩子母亲的冲突，在不可避免的冲突中寻找建设性解决方法，维持夫妻之间的亲密，以及为孩子父亲提供育儿工具。具体如下：

- 父亲增加和母亲的互动。

- 父亲增加和孩子的互动。

- 父亲对 3 个月大的孩子表露出积极的情感。

- 孩子通过玩耍对父母产生兴趣。

- 长时间和孩子玩耍。

- 父母之间的敌意较少。

- 父母之间的关系满意度高。

- 母亲较少出现产后抑郁症状。

- 父母对于育儿问题的满意度高。

- 孩子情绪发展良好。

- 孩子智力发展良好。

　　事实上，男性可以很快成长为优秀的父亲。无论肤色、阶级和种族，每一位男性都想成为比自己的父亲更好的父亲。美国曾涌现出一股全新的"为父之道"运动。

　　我们走遍全美，培训专业人员，帮助刚刚生产的贫困未婚伴侣。来自不同文化的男性都宣称他们会做一位好父亲。他们会持续陪伴孩子的成长，而他们的父亲从来没有做到这一点。他们也会尊重孩子的母亲，这样一来，孩子就可以看到父母之间良好的关系。

　　一位来自佛罗里达州的父亲告诉我们，他 26 岁了，曾在监狱里待了 8 年，不得不和自己的女儿相隔千里。后来，他终于被释放了，他发誓永远不会再离开自己的女儿。他的一个女儿已经 11 岁了，他征求了孩子的母亲的意见，希望重新参与到女儿的生活中。女儿的母亲非常痛恨他，但最终还是同意他去见女儿。他和第二位妻子生的女儿 7 岁大了，这个女儿也是由她的母亲抚养。第二任妻子并不抗拒他和孩子重聚。因此，他可以定期见到这个女儿。后来，他又结婚了，新婚妻子最近刚生了孩子，他会一边说话，一边抱着刚出世的孩子，妻子则依偎在他的身旁。他说，现在他同时打3份工，他再也不离开了。

另一名来自巴尔的摩的父亲告诉我们，现在，他还时不时地会从客厅窗户望向窗外的街角。他曾经在那里从事种种违法活动，后来坐牢了。现在他出狱了，同时打两份工，和妻子生活在一起。他们共同建立了一个家庭，有他的母亲、他的妻子、刚出生的孩子和另外一个孩子。

类似的故事一直在发生。仅仅历经了一代人，情况就发生了很大的改变。男性开始参与到家庭生活中来，开始与女性变成更好的伴侣和朋友，更多地参与到孩子的成长中，同时，他们也正在取得成功。

接下来的一项练习是为了帮助父亲们更多地和孩子互动。当然，互动需要规划和关心。这项练习有助于父亲更加温暖地表达父爱，这对其本身及其家庭都有好处。

◆ **练习：成为更好的父亲** ─────────

　　仔细阅读以下"我愿意"清单，共143项，练习目标是尽可能地增加可选项，从而更好地和孩子互动，并帮助孩子的母亲。

　　选择希望参与的6项活动：2项家务劳动和4项育儿活动。然后和孩子的母亲进行讨论，并计划如何增加家庭互动。记得在讨论过程中要采纳对方的建议。

　　选好活动之后，孩子的母亲不要妄图设定过高的标准，对孩子的父亲已经做到的事情要感恩。这样，孩子的父亲对自己正在做的事情会感觉更好。

双方都要记住，双方只有主动靠近，才能更加亲密。

"我愿意"清单：

1. 告诉孩子你有多爱他。
2. 拥抱或亲吻孩子。
3. 和孩子计划一次特别的外出活动。
4. 表扬孩子做的某件事。
5. 给孩子准备一份特殊的礼物。
6. 餐后洗碗。
7. 餐前摆好餐桌。
8. 打扫厨房。
9. 给家里除尘（具体到某个房间）。
10. 清洁地板。
11. 清洁厕所。
12. 清理车库。
13. 保养汽车。
14. 准备三餐。
15. 给汽车加油。
16. 准备节日大餐。
17. 扔垃圾。
18. 维护户外整洁。
19. 打扫户外卫生。
20. 给汽车换机油。
21. 检修汽车发动机。
22. 洗车。
23. 完成一项特别的家庭工程。
24. 给婴儿换尿布。
25. 给婴儿喂奶。
26. 夜里起来照顾婴儿。
27. 安慰紧张的孩子或婴儿。
28. 给婴儿换衣服。
29. 给婴儿洗澡。
30. 陪婴儿玩耍。
31. 带婴儿去看医生。
32. 接孩子放学。
33. 确保孩子出门时带齐所需物品。
34. 开车送孩子去想去的地方。

35. 睡前为孩子洗漱。

36. 为孩子铺床。

37. 表扬孩子完成的一项工作。

38. 洗衣服。

39. 计划拜访亲属。

40. 晚上给孩子读书。

41. 整理洗好的衣服。

42. 买菜。

43. 买药。

44. 照料家里的花花草草。

45. 照顾宠物的健康。

46. 遛狗。

47. 确保晚上门窗关闭。

48. 不必要的时候随手关灯。

49. 修理家里的电器。

50. 帮助孩子做功课。

51. 清理冰箱、冷柜。

52. 整理客厅。

53. 收拾玩具。

54. 安抚哭泣的婴儿。

55. 关掉电视，和孩子的母亲聊天。

56. 关掉电视，和孩子聊天。

57. 为朋友准备礼物。

58. 和亲戚保持联系。

59. 为节日做准备。

60. 外出处理杂事。

61. 擦窗户。

62. 计划一周的餐单。

63. 晚餐后收拾桌子。

64. 清理厨房。

65. 清洗毛巾。

66. 保持抽屉整洁。

67. 经常整理屋子。

68. 和修车工打交道。

69. 付账单。

70. 平衡收支。

71. 回复电话或邮件。

72. 存钱。

73. 回收旧物资。

74. 熨烫衣物。

75. 修补衣物。

76. 整理干净的衣服。

77. 打扫厨房和就餐区域。

78. 收拾脏衣服。

79. 换灯泡。

80. 为冰箱除霜，清理冰箱。

81. 为孩子买衣服。

82. 计划旅行或外出。

83. 负责一次家庭大整修。

84. 负责一次装修。

85. 保养房屋。

86. 买水果。

87. 重新装饰屋子。

88. 为家里买一件物品。

89. 为家里买一件电器。

90. 修补需要的物品。

91. 整理厨房的橱柜。

92. 去银行处理杂事。

93. 整理、重新收纳衣橱。

94. 准备客房。

95. 准备聚餐。

96. 计划度假。

97. 为双方准备一次外出度假
机会。

98. 计划一次浪漫的约会。

99. 计划一次安静的居家休闲
夜晚。

100. 计划一次周末外出活动。

101. 计划一次特别的用餐
体验。

102. 教孩子一项体育活动。

103. 和孩子的母亲进行一次
对话。

104. 和孩子进行一次对话。

105. 计划一个浪漫的夜晚。

106. 主动和孩子的母亲亲热。

107. 主动谈论如何改进夫妻
双方的性生活。

108. 计划一次外出就餐。

109. 计划一次全家出行，如
郊游或野餐。

110. 规划财务。

111. 计划一次大件物品购物，
如汽车。

112. 管理投资。

113. 和孩子的母亲讨论彼此
的关系。

114. 计划和朋友的聚会。

115. 与朋友保持联络。

116. 处理法律事务，如遗嘱。

117. 管理计划家庭成员的药
物并关心他们的健康。

118. 准备必要药物及处理其
他健康相关的杂事。

119. 为家庭成员做健康和健
身计划。

120. 规划一次休闲外出。

121. 花时间陪伴婴儿。

122. 带孩子去看儿科医生。

123. 陪伴家人去看牙医。

124. 给孩子洗澡。

125. 管教孩子。

126. 陪伴婴儿睡觉。

127. 照顾生病的婴儿。

128. 处理一次孩子遇到的危机事件。

129. 处理孩子的负面情绪。

130. 为孩子立规矩。

131. 陪同孩子比赛或表演。

132. 参加家长会。

133. 和学校老师打交道。

134. 参加校园学生活动或家长活动。

135. 计划孩子的生日聚会。

136. 安排孩子的学习，如上音乐课。

137. 安排孩子和玩伴玩耍。

138. 为婴儿或孩子购物。

139. 给孩子买礼物。

140. 带孩子去学校。

141. 接孩子放学。

142. 安排孩子的业余活动。

143. 给孩子准备餐点。

第 6 步

传继家风

———

AND BABY MAKES
THREE

人类并不是简单的生物。求偶和育儿行为从根本上改变了人类的生活模式，其改变程度之大，超出人的想象。同居、管理冲突、保持友谊是远远不够的。人们内心始终有一种永不停止的冲动——寻求人生的意义，即在保证最基本的生存需求的前提下，为未来留下精神遗产。

研究显示，顺利度过孩子出生这段"风暴期"的夫妻，知道如何寻找将双方联结在一起的目标和价值。孩子出生后，家庭生活充满了意想不到的波折。成功的夫妻知道如何转移重心、保持平衡。在新生活的动荡海面上，他们牢牢地抓紧船桨，在地图上规划出目的地，然后共同奋力朝着新的目标前行。

但是，事情并不是从一开始就这么顺利的。孩子出生之前，由于生命体验不同，夫妻双方都有着自己独特的人生价值和传统。孩子的出生改变了这一切。孩子这艘"大船"该由谁来掌舵？谁的价值观可以作为指示导前进的北极星？如何找到家庭未来的前进方向？谁的价值观会被保留下来，而谁的又会被抛弃？双方如何开创家庭传统，引领孩子开启美好的人生？对于这些问题，双方需要不断地探索，才能找到答案。没有一对夫妻是在孩子到来时就已准备好面对这一切的，相反，他们通过不断地提问来寻找问题的答案。

换句话说，仅维持日常生活是远远不够的。人们想要更多。人们共同努力，以减少冲突，加深友谊，并维持亲密关系。父亲也积极地参与到育儿生活中来。所有幸福家庭生活的要素似乎都已经具备了。但人们最终想要实现怎样的目标呢？人们不只想建立一个普通的家庭，而是希望家庭生活既可以滋养自己的心灵，也可以滋养孩子的心灵。人们想要的是有意义的家庭生活。人们会特意思考：理想的家庭生活究竟是怎样的？除了家庭成员，还可以滋养谁？家庭生活的美好在于何处？人们希望家庭生活可以涵盖每个家庭成员最重要的核心价值。所以，人们将个人独特的文化价值取长补短、融会贯通，并从个人的"价值之网"中挑选出最闪光的那几条作为自己小家庭的家风。这个小家承载了彼此共同的目标和意义。能够做到这一切，就是成功的夫妻。

第 1 条家风：从"我"转变为"我们"

我们第一次启动"带宝宝回家"的研究时，采访了来自西雅图的 130 对新婚夫妻，并追踪了他们怀孕生产及迎来新生命的过程。在女方怀孕的第 6 个月，我们对他们进行了采访，询问他们的体验及对新生命到来的感受等。

最令我们感到惊奇的是，**能够顺利应对孩子出生的夫妻，在怀孕期间就已经形成了一个良好的团队：每个人不再只考虑"我"，而是更多地考虑"我们"。**丈夫在这个过程中起到了重要的作用。成功从"我"过渡到"我们"的丈夫，有一些非常明显的特征。他们会赞扬自己的妻子，真诚地对妻子展示爱意，在妻子整个孕期也都会支持她。如果妻子出现胃痛，他们会表达安慰；如果妻子睡觉时不舒服，他们会多准备一个枕头；当妻子需要休息时，他们会承担更多的家务。如果夫妻双方都可以从"我"进化到"我们"，那么双方就可以很顺利地完成为人父母的过渡。

其他的夫妻在应对孩子出生这件事上则很充满艰难。丈夫会抱怨妻子怀孕带来的不适体验，他们觉得自己成了牺牲品，令妻子觉得自己毫无吸引力且感觉很孤单。他们从来没有从"我"过渡到"我们"。因此，他们的家庭生活受到了影响。

菜昂和塔米就是这样一对夫妻。当时塔米已经怀孕 6 个月了。采访时，菜昂说准备去滑雪。研究人员对此难以置信："你们要去滑雪？！"

"不，"塔米答道，"菜昂自己去。"

"是的，"菜昂补充道，"没有理由因为她怀孕了，我就放弃自己的爱好啊！"

当我们问到怀孕的体验时，塔米坦诚怀孕的过程很艰难，她有点儿紧张，开玩笑说自己看起来很胖。

菜昂咯咯地笑起来："她现在看上去和鲸鱼一样。在她怀孕前，我们两个身材都很好。可现在，她真的变成了一个胖子。"

塔米的脸红了，低下了头。菜昂还停留在"我"的阶段。无疑，他们在未来的相处不会顺利。

另一对夫妻格雷格和萨拉也讨论过孕期体形变化的问题。格雷格说："从医学上，我能够理解怀孕带来的体形变化。我也知道，我们都很健康。可之前，我们总是瞧不起胖子。突然之间，我的妻子变得……"

萨拉打断了他："我们没有看不起胖子！"

萨拉解释道，他们俩一直都很瘦。"我们两个都从来都没有担心过超重的事。"

格雷格试图挽回自己的话，补充道："我知道这并不是肥胖，可这就像……"

"你那天可是叫过我'弥勒佛'！"萨拉插话道，她说这话时并没有笑。这可并不是个好兆头。

在女性怀孕期间，如果男性完全不考虑"我们"，还经常批评女性的外表，就会导致双方的冲突加剧。例如，当我们要求格雷格和萨拉在实验室里讨论问题的时候，他们俩发生了激烈的争吵。他们都承受了很大的压力，以此互相攻击。在我们追踪了他们6个月后，他们俩的关系已降至冰点。更糟糕的是，他们3个月大的孩子经常放声大哭，很少笑。当他们和孩子一起玩耍时，完全不能同步，彼此还会争夺孩子的关注。在游戏环节，孩子被过度刺激，因此变得很沮丧，无法继续游戏。这个家庭的未来看起来很不妙。

与此相反，菲尔和施安娜则表现得完全不同。菲尔总是夸施安娜看起来有多美："她简直在发光。"像菲尔这样的男性会经常赞美自己的妻子，有些人甚至会说，妻子的怀孕让他们感觉很浪漫。他们会谈论妻子肚子里的胎儿，并表示胎动令他们欣喜若狂。他们觉得，怀孕确实让人很有压力，可是夫妻双方可以一起面对。他们有时会说："'我们'怀孕了。"这也是从"我"到"我们"的转变。

我们发现，从"我"转变到"我们"，可以预测夫妻以怎样的态度应对怀孕，同时也可以预测未来夫妻双方关系的满意度。更令人惊讶的是，它还可以预测孩子是什么样的人——是经常哭哭啼啼的呢，还是经常开怀大笑的呢？因此，夫妻双方真的必须完成从"我"到"我们"的转变。

当这些被试中的妻子怀孕6个月时，夫妻双方再次来到了我们的实验室。这时，我们会观察另外两方面的问题。首先，我们会随机向他们播放一段"快乐婴儿"的影片和一段"哭泣婴儿"的影片。当他们观看影片时，我们测量了他们的生理体征，如心跳和血液流动。当他们的孩子长到3个月大时，我们会询问他们，孩子微笑、大笑、哭泣及沮丧的频率，然后，我们请研究生助理来分析数据。

心理学家安·弗洛迪（Ann Frodi）和迈克尔·兰姆（Michael Lamb）发现，在观看这些影片时，女方的心率波动很大。他们还发现，有虐童倾向的女性无论在观看"哭泣婴儿"的影片还是观看"欢乐婴儿"的影片时，心跳都会加快。而没有虐童倾向的女性，只有在观看"哭泣婴儿"的影片时，心跳才会加速。换句话说，有虐童倾向的母亲容易被婴儿的任何活动唤起负面状态，无论婴儿的情绪状态如何。

虽然我们的被试中并不包括虐待儿童的父母，但研究结论与此很相似。怀孕6个月的女性在观看"快乐婴儿"的影片时，如果她们的心跳较慢，血流较缓，那么她们生出来的孩子不太容易紧张，脾气也比较温和。同样，在观看影片时，如果男性的心跳较慢，血流较缓，那么未来的孩子也会经常笑。也就是说，父母在孕期时的生理特征能够预测未来孩子的气质。这究竟是怎么回事呢？

后来，当我们观察夫妻双方在怀孕期间如何处理冲突时，找到了答案。在女方怀孕6个月时，我们录下了夫妻双方解决冲突的过程。一名研究生助理发现，在此期间，夫妻双方的情绪越不稳定，或讨论冲突时越有敌意，那么孩子3个月大时就越容易哭泣，玩耍时笑容也更少，此外也不容易冷静和自我舒缓。**夫妻双方的冲突讨论过程越平和，孩子在3个月大时就越容易笑，玩耍时也很少会哭，而且神经系统发育和情绪发展都很好，也比较容易冷静、自我舒缓和集中注意力。**

自我舒缓和集中注意力的能力是由第10对中枢神经——迷走神经控

制的。迷走神经发育得越完善，自我舒缓和集中注意力的能力就越好。

我们在分析数据时发现，当胎儿仍在母亲子宫内时，父母冲突讨论的质量可以预测胎儿迷走神经张力的变化，且占到50%。这一预测非常有价值！换句话说，夫妻关系的质量和在孕期处理冲突的方式，在某种程度上决定了未来他们的孩子是怎样的。如果夫妻能够很好地处理冲突，并保持彼此的联结，那么他们在未来就比较容易生出快乐的孩子。孩子也会有较好的自我舒缓能力，也更容易集中注意力。

我们最重要的发现在于，夫妻在孕期的关系质量实际上会影响未来孩子的气质。

后来，我们再次对从"带宝宝回家"工作坊中收集到的数据进行了分析，结果有了另一个突破性发现：**如果帮助夫妻由"我"转变成"我们"，并训练他们处理冲突的技巧，就可以增加生出气质良好的婴儿的概率。**"带宝宝回家"工作坊仿佛改善了女方的子宫状况，这对父母和孩子都有利。

从"我"转变到"我们"会带来很大的不同。你愿意试一试吗？请看以下练习。

◆ **练习：增强"我们"观念** ————————————

开始练习之前，先要找出一个双方愿意共同努力的领域。

首先，分别填写以下问卷。仔细阅读每一个选项。如果你愿意在该领域增强"我们"的观念，请为你的意愿打分：1～5，1分意味着"我们"在这一领域做得不错，没有必要再努力了；2分意味着或许"我们"还有一些改进的空间；3分意味着"我们"表现尚可，需要更多的努力；4分意味着"我们"改进的空间还很大；5分意味着"我们"亟须增强。然后，将分数加起来。

"我们"的境况	打分
"我们"的交流非常顺畅	
"我们"的性生活很和谐	
"我们"会一起整理屋子	
"我们"会朝着目标共同努力	
"我们"会彼此帮助共同完成家务	
"我们"都会和孩子互动，共同养育孩子	
"我们"是一个团队，彼此关系很好	
"我们"的基本价值观相似	
"我们"对如何享受生活的观念相似	
"我们"是很好的朋友	
对方不会让我嫉妒	
"我们"擅长帮助彼此减轻压力	
"我们"在关系中尊重彼此	
"我们"在关系中能感受到彼此的爱	
"我们"会互相赞美	
"我们"可以处理任何问题，且很有自信	
"我们"在关系中很有安全感	
"我们"和双方父母相处得很好	
"我们"在宗教和哲学问题上的观点相似	
"我们"对孩子的看法相同	

"我们" 的境况	打分
"我们" 对金钱的观念相同	
"我们" 了解彼此	
"我们" 对未来的发展方向都很满意	
"我们" 都感觉双方共同的生活充满意义	

将每一项的分数加起来。如果得分超过 40 分，那么就有必要进行以下练习。

✦ 练习：构建"我们"

一起讨论各自的选项，然后共同选择一个双方愿意在"我们"上有所改进的领域。不用太纠结选择哪个领域。无论在哪个领域取得进展，都意味着你们正在朝"我们"这个目标前进。另外，讨论一下可能的替代方案。在空白处写下双方的想法，并承诺在未来的一周会为此努力。

"我们"的想法：_____

本周，我们承诺：_____

第 2 条家风：创造家族历史

为人父母以后，人们的价值观、人生角色、生活目标和人生哲学都会发生转变。人们不再只是父母的儿女，也变成了孩子的父母。当人们抱着自己的孩子时，脑海中浮现的是父母抱着年幼自己的画面。幼年的时光仿佛在眼前不断显现，却又飞速消逝。人们意识到，自己从原生家庭继承的家族传统，有些会继续传承下去，而有些则会被遗弃。人们组建了新的家庭，并深深地融入新一代的家族中。孩子会长成什么样的人？他们又会传承怎样的家族传统？

新生命的诞生令人们欣喜若狂。人们很希望能将生活中每一秒的珍贵记忆都记录下来。因此，人们会拍照留念、保存卡片、为孩子录像以及写日记等。人们会用一切方法记录孩子的第一次微笑、第一次咯咯笑、第一次爬行以及迈出的第一步，甚至还会翻出自己小时候的唱片，为自己的孩子吟唱祖母曾唱给自己听的摇篮曲。人们非常珍惜和孩子在一起的时光，但又感叹时光飞逝。人们会对生命有更深入的体验。

人们开始记起自己年少时的旧伤口。人们会开始原谅自己的父母；记起父母的一切，无论是他们生气时的咆哮，还是沉默。但在一个又一个不眠之夜，人们还是禁不住心生困惑。父母刺耳的话语再次回响在耳边。人们只记得父母对待自己十分吝啬，可轮到自己时，却也不忍心大手大脚。因此，人们担忧、挣扎、斗争，最终因精疲力竭倒下了。**人们只有意识到自身的困境之后，才会进一步加深对父母的感情。**人们不禁要问：面对这一切，父母那一辈是怎么做的？他们的父母又是怎么做的呢？再老一辈的人呢？可以从他们那里学到什么吗？应该学习他们的做法吗？

人们组建家庭，生儿育女，实际上是在进行文化大融合。每一代家庭都从夫妻双方那里继承了各自的家族传统。因此，夫妻关系一定是跨文化的。文化赋予了生命中平凡事物特殊的意义。

方言、穿衣方式、宗教仪式、节日传统都因此产生了全新的意义。例人们会在乎自己的肖像吗，还是唯恐避之不及？人们会给儿子买卡车和枪，还是介绍璀璨繁星的书籍？人们会给女儿买盛装的洋娃娃，还是白大褂和医生急诊箱玩具？人们会和哪些朋友亲近，又会和哪些朋友疏远？人们会邀请哪些亲属来共进晚餐，又会避开哪些人？人们会拥抱怎样的文化传统：你的，我的，我们的，还是完全从零开始？

在我们西雅图的家里，有一整面照片墙。在这些照片里，有新婚燕尔的约翰的父母，有骑在摇摆木马上的小约翰，有穿着裙子的朱莉，有约翰的祖父，也有朱莉的父亲，此外，还有朱莉的曾祖父及其 7 个儿女。当然还有我们俩。这些照片记载着两个家族的闪光时刻。

女儿 3 岁大的时候，我们开始为她讲述家族的故事。故事里有爱，有关怀，也有慷慨大方的人们。朱莉的曾祖父是一名犹太教屠夫，每周都会将一部分肉分给周围饥饿的人和城外的流浪者，无论这些人是不是犹太教徒。我们告诉女儿要尊重这个传统，同时也要对社区敞开大门，回报社会。

随后，我们还向女儿讲述了其他家族成员的辉煌事迹。

这些是她的祖先，是家族传统传承的开始。

你的呢？

◆ 练习：建设家庭"历史角"————————

浏览家人和朋友的照片，选出自己最喜欢的，用相框框起来。然后将你们两个家族的文化和历史融合起来，即使有些人你并不认识也没关系。或许你还需要征求双方父母的意见，影印他们的老朋友和祖先的旧照片。收集这些人的故事，然后在家里挑选一处特别的地方，创建一个"历史角"，用于纪念家族的历史传统。

第 3 条家风：用仪式感增强情感联结

人们日常生活的点点滴滴展现了独特的价值观和家庭传统。例如，人们视为珍宝的东西和弃之如敝屣的东西，都承载着特殊的意义。

以我们家为例。生了女儿之后，我们开始为晚餐发愁，当然并不是为晚餐该吃什么发愁。我们意识到，2/3 的美国家庭并不在一起吃晚餐。即使在一起吃晚餐的家庭中，选择边吃晚餐边看电视的占 50%。所以在一开始，我们决定一起吃晚餐，不看电视。晚餐时段应当是毫无冲突的，双方分享一天中的喜忧。没有电视的干扰，我们只会分享彼此真正重要的事情。我们希望可以成为一个保持交流的家庭。

但当女儿长到 3 岁的时候，约翰的母亲丽娜开始抱怨，她说我们的女儿见到她不会主动和她亲吻以表示欢迎，见她离开也不会感到难过。我们想，或许是因为她很少来看望我们的女儿。我们也会外出吃晚餐，但次数有限。我们邀请丽娜来参加安息日晚餐，但她拒绝了，她一直忙于和朋友应酬。不过因为我们一再坚持，她最终还是同意了。

一起吃过几次晚餐之后，丽娜和我们的女儿就形影不离了：一起吃晚餐很有效果。我们三代同堂，坐在一起，祈祷、歌唱、享受美食，其乐融融。我们将这一切都用摄像机录了下来。现在她们两个会互相拥抱、亲吻，一起分享意大利面和冰激凌。这样的美好时光持续了 7 年。

当丽娜最终搬来和我们一起生活后，女儿会花几个小时帮她按摩和梳头。当丽娜去世后，女儿对她充满了思念，并且也就此了解了家庭的意义。

那么，父母该如何将双方的家庭传统和共同意义融合起来留给子女传承呢？无论人们是否意识到，每一句话、每一个选择、每一次沉默和每一个行动，都会将人们牢牢地联结在了一起。这些都代表了我们的价值、目标，我们轻视的东西以及我们认为有意义的东西。

人们在情感、生理和灵魂上的联结方式，决定了哪些人将会是一家人。经过主动地练习，这些会变成彼此之间的精神联结。

此外，小小的仪式感也有很大的价值。例如，在如何庆祝吉尔的生日这件事上，彼得和吉尔的观点大相径庭。

> 彼得觉得自己做得还不错，而吉尔则觉得糟透了：他们俩在一家浪漫的餐馆吃了晚餐，没有带着还是小婴儿的安娜；吉尔也收到了彼得送给她的一份很好的礼物。问题出在哪里呢？彼得想要弄明白。
> 吉尔回答道："餐馆是我自己预订的，礼物是我自己买的！"
> "没错。可我是个医生，工作很忙。而你整天都在家。难道要我请护士帮忙安排这一切？你觉得那么做有什么意义吗？况且你从来不喜欢我挑的礼物。"

我们请他们讨论了各自对生日礼物的看法。

吉尔是他家唯一的孩子，每年都会举办盛大的生日派对。在生日派对上，她会戴上魔法皇冠，所有的朋友都会围绕着她，一起为她唱生日歌。她还会收到很多礼物。这是一年里她最能够感受到父母的爱的时刻，当天，她的父母看起来也很高兴。

与此相反，彼得来自一个大家庭。和兄弟姐妹一样，彼得在生日当天会收到一张生日贺卡、一份礼物和一份特别的餐点。彼得说，就这么多了，他觉得也还不错。可吉尔却觉得不行。

当我们请他们谈一谈准备如何养育安娜时，他们的注意力转变了。彼得承认，他小时候过生日时得到的那些小礼物并不太好。有时，他的兄弟收到的礼物比他的好。但他会告诉自己，礼物还不错，接受这一切会让自己变得更强大。吉尔则说，她小时候收到的礼物其实并不是她真正想要的，她只希望父母和她在一起能够开心，也希望父母彼此在一起时也能够开心。可是他们并不幸福。

不过，彼得和吉尔都希望女儿安娜有特别的生日回忆。他们希望在安娜眼中自己是温暖且幸福的。后来经过讨论，彼得和吉尔设计了一个独特的生日仪式，全家集体庆祝。

仪式感并不仅仅关注两个人的"健康"时刻。就像婚礼的誓言中既包括了健康，还提到了疾病。所以，即使在"疾病"中，也可以保持仪式感。

我们认识这样一个家庭，这家人在疾病护理方面存在很大的冲突。拉里的母亲是一名政治积极分子，她很强壮、充满活力，平时也很忙，常常外出，因此不得已会忽略家庭，这让她感到内疚。所以每当拉里生病时，她就觉得自己补偿的机会来了。她会不停地拍打拉里的枕头，使其保持蓬松。她每隔10分钟就会给拉里量一次体温，还给拉里准备好多的书籍和杂志。此外，她还会给拉里准备他最喜爱的柠檬水，配上她亲手刨制的冰块。拉里非常喜欢母亲将注意力完全集中在自己身上。

后来，拉里认识了丽塔。丽塔也是一个强壮、充满活力的人，但她对疾病的体验完全不同。在丽塔年幼时，她的母亲常年生病。她睡在客厅里。所有的家庭生活都围绕着她母亲的疾病展开。每个人在家都必须保持安静。可尽管大家都小心翼翼，丽塔的母亲还是由于癌症去世了。那一年，丽塔才 10 岁。

后来，丽塔和她的父亲相依为命。他们彼此靠近，让自己陷入忙碌之中，以此保持坚强，这样他们才能面对失去亲人的痛苦。如果他们俩人中任何一人觉得自己有点儿不舒服，他们都会否认这一点。所以，即使丽塔发烧了，她还是会去上学，也不会告诉其他人自己生病了。在她看来，生病时休息意味着她是个弱者：生病并不意味着要放纵自己。

某个周末，一向强壮健康的拉里患上了流感。他整天躺在床上，感觉糟透了。后来，他忍不住用沙哑的声音喊道："丽——塔——"当时丽塔正在洗衣房，听到拉里喊她，她只是轻轻地抬了一下眼皮。拉里后来又喊了一次，她还是假装没听见。拉里不得不绝望地扯着嗓子喊起来。

丽塔走进拉里的房间，以为发生了什么大事。拉里可怜地说："丽塔，我感觉糟透了。你能帮我拍拍枕头吗？给我拿本书，再给我倒一杯柠檬水，要配上手刨的冰块。"

丽塔和拉里在对待疾病这件事上，存在很大的"文化冲突"。丽塔根本无法理解拉里的需求，因为当她生病时，她会像猫一样蜷缩在床上。如果你想要拍拍她，表示宠爱，她只会冲你"嘘"一声，要你不要发出声音。拉里则不同，在他看来，生病是接受爱和关心的时刻。

丽塔和拉里需要找到一个双方都能接受的仪式。丽塔承认，生病让她非常恐惧，因为尽管她一家人曾爱护和照料她的母亲，她的母亲还是去世了，留下她和父亲孤苦伶仃。丽塔也很生气，因为母亲的疾病夺走了全家人的关注。尽管要她承认这一点非常困难。拉里则说，他只有生病了才能得到母亲全部的爱和关注。他羞愧地承认，他经常夸大病情，因为这样他就可以待在家里，所有人都会纵容他。两人吐露了心声之后，都感到松了一口气。这样，他们终于可以毫无负担地制定一种新的仪式：既可以滋养他们俩，也可以滋养他们的孩子。

仪式感不仅表现在重大事件上，也表现在日常生活的点点滴滴。例如，如果一方取得了重大成就，该如何庆祝？当一方失败了，需要支持，人们又该做些什么？人们如何表达对彼此的赞美以及对孩子的赞美呢？

以下测试可以反映夫妻双方的仪式感如何。

测试：双方是否具有共同的仪式感基础 —————

你和另一半有没有设计一个符合双方共同价值观的特殊仪式，帮助增强双方之间的情感联结呢？阅读以下描述，根据实际情况，选择"是"或"否"。

你们的仪式	是		否	
结束忙碌的一天后，在家重聚对你们来说是很特别的一件事	A	B	A	B
周末，你们会一起做很多双方都很喜欢且认为有意义的活动	A	B	A	B
双方非常期待且很享受两个人的假期	A	B	A	B
一起处理杂务时，双方可以度过一段美好时光	A	B	A	B
疲惫时，双方有办法放松，恢复能量，并重新开始	A	B	A	B

如果你们的选择中"是"少于2项，那么说明你们在这一领域需要共同努力。不妨试试以下练习。

选择以下任一话题，互相讨论，下一次可以换另一个话题。

1. 和对方讨论家庭晚餐时光。对你来说，一起就餐意味着什么？家庭晚餐通常是什么样的？举例说一说各自小时候都有哪些值得怀念的美好用餐时光，又有哪些用餐噩梦。这些对你们来说都意味着什么？选一项能够代表各自家庭的食物。

2. 和对方讨论每天离家出门和回家重聚的仪式。当双方经历了一天后，重聚在一起时是怎样的？你们在各自的家庭中是如何庆祝这个仪式的？经历了一天的生活，在家中重聚对你们来说重要吗？双方希望重聚的仪式有哪些特殊意义吗？

3. 讨论彼此家庭的睡前时光。双方都是在什么样的睡前习惯中长大的？双方现在喜欢什么样的睡前仪式？有什么特殊意义吗？

4. 讨论彼此对周末的看法。你们是怎样过周末的？小时候又是怎样过周末的？你记得小时候有哪些特别美好的周末以及特别糟糕的周末吗？双方现在希望周末怎样过？周末对双方而言有什么意义？

5. 讨论彼此对金钱的观点。你们的金钱观是怎样的？为什么会这样？你们的原生家庭各自是怎样处理金钱问题的？关于金钱，各自都有哪些美好的回忆和糟糕的回忆？

6. 讨论家庭娱乐活动，如邀请朋友来家中做客、举行派对等。家里典型的娱乐活动是什么样的？你们两个分别是在什么样的家庭中长大的？关于家庭娱乐，你们在小时候各自有哪些美好的回忆和糟糕的回忆？对你们来说，娱乐的重要之处在哪里？你们希望为家庭创造怎样的氛围？这又有什么特殊含义？

7. 作为夫妻，你们之间有什么特别的美好时光吗？作为一个家庭呢？谈一谈近期发生的实际例子。你们是在什么样的家庭环境下长大的？双方想要为自己的家庭设计什么样的独特的家庭时光？

8. 你们通常会庆祝哪些纪念日：生日？周年纪念日？还是家庭团聚？你们会如何庆祝？双方的原生家庭又是如何庆祝这些纪念日的？当你们还是孩子时，有哪些特别美好的纪念日仪式吗？有特别糟糕的例子吗？双方希望这些纪念日有什么特殊的仪式？

9. 当家庭成员生病时，通常会发生什么？在你成长的家庭中，家人生病了会怎么做？双方希望自己的家里如何应对这样的问题？

10. 讨论度假、重新振奋精神的仪式以及旅行。这些活动现在通常是怎样的？它们有什么意义吗？当你还是个孩子时，关于这些活动有哪些美好的记忆，又有哪些糟糕的体验呢？双方希望在自己的家庭中，这些活动是怎样的？

11. 为约会、短期度假、周末活动、体育运动、看电影、看电视以及和孩子玩耍等活动制定特殊的仪式。在你成长的家庭中，这些活动通常是怎样的？双方希望自己的家庭如何庆祝这些活动？

12. 讨论如何处理日常琐事杂务。在你们成长的家庭中，家人是如何处理这些事情的？双方希望自己的家庭怎样处理？

13. 疲惫时，你们会如何放松及恢复精力？在成长的家庭中，各自又是如何进行恢复的？双方希望自己的家庭如何做？

14. 你们如何获得丰富的启示，是通过音乐、戏剧、艺术、爱好，还是共同的兴趣？在你成长的家庭中，这些活动通常又是怎样的？作为一个家庭，你们希望如何来充实自己？

第 4 条家风：营造独特的节日氛围

接下来，让我们来谈一谈节日。你们是如何庆祝重要的节日的？为什么这么庆祝？通常，与其他任何活动相比，节日给我们留下的童年记忆更为深刻。那么，等你们的孩子长大以后，你们又希望给他们留下什么样的节日记忆呢？

乔舒亚和坦妮娅关于圣诞节的记忆天差地别。对坦妮娅而言，圣诞节给自己的记忆只有眼泪。她是家里唯一的孩子，某个圣诞节前，她的父亲离家去了战场，从此再也没有回来。后来她得知，父亲在一次对抗中丧生了。从此，她的母亲陷入了深深的抑郁中。随着时间的流逝，虽然母亲的状况有所好转，可再也没有笑过。坦妮娅则再也没有庆祝过圣诞节，因为圣诞节总让她想起父亲的离去和母亲的精神问题。

对乔舒亚而言，圣诞节给他的忆忆则完全不同。他来自美国南部的一个大家庭，圣诞节意味着家庭团聚。他们一家人会集体去教堂、唱圣歌。他们会一起在后院进行烧烤，在圣诞节当天围着圣诞树唱圣歌，他的舅舅负责弹钢琴。乔舒亚虽然从来没有得到过什么华丽的礼物，但他热爱圣诞节，这是一年中最好的时光。直到现在，他都称呼自己为"圣诞节迷"。从每年的 6 月开始，乔舒亚就开始为坦妮娅和孩子准备神秘的小礼物了。

乔舒亚和坦妮娅需要找到一个双方都能接受的圣诞节庆祝新仪式，同时，这个仪式还要能给孩子留下美好的回忆。为此，他们为坦妮娅的父亲建了一座特别的神龛，并将他的照片供奉在里面。圣诞节前，他们会给孩子讲述关于坦妮娅父亲的故事，孩子百听不厌。圣诞节当天，他们会像乔舒亚小时候那样，尽情地庆祝。他们会邀请整个家族的人来家里，小小的屋里聚集了很多孩子。在他们看来，这是圣诞节最有意义的一个部分。

如果人们专门为节日营造某种传统，那么就会从节日仪式中收获良多。与此相反，如果人们毫无规划，那么自然会"用脚投票"，最终使节日变成一场空而已。这两种不同的方式会给孩子留下不同的特殊记忆。

如果想要做得比自己的父母更好，那么应该这样做：为重要节日创造独特的传统。

◆ 练习：赋予节日意义 ——————————————

从以下节日清单中选择一个双方想要讨论的节日，然后回答后面关于节日的问题。以后有机会可以选择另一个节日，进行同样的讨论。

节日清单：

1. 春节

2. 清明节

3. 端午节

4. 中秋节

5. 重阳节

6. 冬至

7. 圣诞节

8. 元旦

9. 其他任何想要庆祝的特殊节日：_____

问题：

1. 想要邀请谁来参加？

2. 如何发出邀请？

3. 谁来负责设计和发通知？

4. 在哪里庆祝？

5. 需要拍照或摄像吗？如果需要，谁来负责？

6. 准备哪些食物？为什么会是这些食物？

7. 谁来负责以下事情：买礼物、准备饭菜等？

8. 有什么特殊仪式？如元旦这天，大家分享过去一年的得失以及对新年的期望。这些仪式意味着什么？

9. 这个节日最重要的一点是什么？

10. 在你们成长的家庭中，是如何庆祝这个节日的？

11. 在节日聚会中，有哪些故事可以分享？

第 5 条家风：讨论双方在生命中扮演的角色

在生命中，人们同时扮演着许多不同的角色：儿女、爱人、朋友、同事、玩伴或父母。人们可能是他人的兄弟姐妹，或是帮手、建立者、跟随者，抑或是领袖。人们需要工作、赚钱以及消费。人们可以是艺术家、机械师、思想家、科学家、运动员、水手或士兵等。人们的角色有很多很多，可以选择自己想要的角色，并因此决定想要留下的传统。许多人想要让世界变得更好。完成以下测试，看一看双方是否通过相互支持为彼此选择的角色赋予了意义。

测试：双方是否支持彼此的人生角色

阅读以下描述，根据实际情况选择"是"或"否"。

双方的角色	是		否	
作为爱人和伴侣，你们有许多相似的价值观	A	B	A	B
关于工作在生命中的意义，你们会求同存异	A	B	A	B
你们俩对于如何平衡工作和家庭生活的观点很相似	A	B	A	B
对方支持你的自我使命	A	B	A	B
对方对家庭和亲戚重要性的观点和你一致	A	B	A	B

如果选择"是"少于3项，那么你们需要进一步努力；如果3项或以上为"是"，那么说明你们做得很棒！

卡洛斯和安伯夫妻二人对于如何平衡家庭、爱和工作的分歧很大。他们俩都是某家小规模知名生物科技公司的生物化学家。当初，他们是在茶水间吃爆米花时认识的，后来两人结了婚。当女儿茱莉亚出生之后，安伯减少了工作时间，而卡洛斯的工作时间却越来越长，他在事业上取得了很多进展，并获得了参与一个重要新项目的机会：研究糖尿病的遗传基础。他夜以继日地为此奋斗，几乎很少和安伯同时上床睡觉。卡洛斯认为自己还算是个好父亲，但实际上他很少和女儿茱莉亚一起玩耍。

我们认识卡洛斯和安伯的时候，他们已经形同陌路了。安伯抱怨卡洛斯对自己的付出视作理所当然，也没有给予自己作为一个母亲足够的支持；卡洛斯则抱怨安伯完全意识不到他工作的重要性。

> "卡洛斯，我当然理解你的工作。毕竟，我也是个科学家。我也很为你感到自豪。但这并不意味着你不再是一个丈夫和一个父亲。"
>
> "我不仅仅是为我自己，而是为了我们一家而努力。"
>
> "我希望你在床上能更'努力'一点。"
>
> "我希望你闭嘴。"

卡洛斯和安伯还有很多方面需要努力。他们都需要感受来自对方对自己付出的感激，而不是责备自己的过失。他们希望有一个充满同情心的安全之所，这样才能袒露自己的脆弱，坦白自己的需求。

后来，经过我们的帮助，安伯意识到，工作是卡洛斯的使命，而非逃避家庭的方式。卡洛斯意识到，安伯很想念孩子，希望他们能够花更多的时间在一起。卡洛斯辩解说，有时候即使他想要继续工作，也会上床睡觉的。可安伯却说，卡洛斯和她同床异梦，这并不她想要的。

> 安伯说："你还不明白吗？我希望你能更亲近我。"
>
> 卡洛斯回应道："好吧。"

他们俩都很怀念彼此曾经相拥入睡的时光。后来，卡洛斯也承认他错过了陪女儿茱莉亚玩耍的最好时光。慢慢地，他们开始找到彼此在生活中的角色定位，并开始学会平衡。科学家、父亲、领军研究人员以及母亲、朋友和爱人，这一切角色都需要重新定义和分配。他们谈论这个话题已经很多年了。但现在，他们至少终于迈出了实质性的一步。

在家庭中，人们可以选择彼此支持，也可以不这样做。以下练习可作为讨论这个问题的一种方式。

◆ **练习：支持彼此的人生角色与家庭角色** ——————————

选择双方都空闲的一段时间，然后就以下任一话题互相讨论。

1. 成为伴侣、母亲或父亲，对你们来说意味着什么？你们如何看待自己的角色？对你们来说，每个角色最重要的地方是什么？你们希望为此达成什么样的目标？

2. 讨论你们的生活、工作，它们对你们来说意味着什么？你们想到达成怎样的目标？你们的工作使命各是什么？

3. 你们如何平衡工作、家庭角色和妻子／丈夫的角色？每一种角色的限制是什么？为什么？

4. 你们还有哪些其他角色，如供养者、保护者、养育者、教育者、导师、朋友等？对你们来说，哪些角色尤为重要？为什么？你们在这些角色上是如何付出的？

第 6 条家风：定义双方的共同目标与人生意义

来了解一下诺贝尔奖设立者阿尔弗雷德·诺贝尔的故事。诺贝尔偶然之间发明了炸药。这一发明曾让他获得了巨额财富。当年，在诺贝尔的兄弟去世后，斯德哥尔摩的主流报纸犯了一个很大的错误：他们误以为去世的是诺贝尔本人，因此发布了错误的讣告。他们声称，诺贝尔让无数欧洲人死亡。由于炸药的使用而死去的人甚至比当时活着的人还多。炸药的发明使得战争带来了巨大的破坏性。

很少有人能像诺贝尔这样有机会读到自己的讣告。不过，这则讣告随后也永远地改变了诺贝尔。他建立了诺贝尔奖委员会，并成立了诺贝尔奖，将自己绝大部分财富都用在了奖励伟大的发明创造上。现在，有谁记得诺贝尔奖的奖金来自炸药呢？

假如你有机会为自己写讣告，你会写些什么呢？你将如何度过这一生？你会对世界做出什么样的贡献？你的人生目标是什么？你的另一半认可你的目标吗？你们如何支持彼此的目标？你们为彼此的成就感到自豪吗？完成以下测试，看一看你们是否拥有一致的人生目标和共同的人生意义。

测试：双方是否拥有共同的目标

阅读以下描述，根据实际情况选择"是"或"否"。

你们的目标	是		否	
当你老去，回顾一生，你会看到两条走过的路已经融合	A	B	A	B
对方尊重你取得的成就	A	B	A	B
对方尊重你的个人目标，即使它们和双方关系无关	A	B	A	B
你们的金钱观很相似	A	B	A	B
无论作为个人还是整体，你对孩子、生活等愿景和渴望都是一致的	A	B	A	B

如果选择"是"少于 2 项，那么说明你们需要更多的对话。请继续往下读。

很多人并不会认真地思考自己的人生目标。尤吉·贝拉（Yogi Berra）曾说过："如果你不知道该朝什么方向前进，那么你很有可能会迷失方向。"

史蒂芬·柯维（Stephen Covey）① 说过："如果你不知道前进的方向，那么你将无法快速到达目的地。"

共同的目标是家庭的基石。只有有了共同的目标，这样的人生才有意义。完成以下练习，找到双方的共同目标。

◆ 练习：共同目标探讨

选择以下任一话题，互相讨论。

1. 老了以后，如果有机会回顾一生，你们将如何评价自己？你们对自己的哪些成就比较满意？

2. 在你们的关系之外，你的个人目标是什么？

3. 你们的经济目标是什么？你们想要避免哪些经济上的失误？

4. 你们对孩子有哪些期望？

5. 你们的人生梦想各是什么？为什么？这些人生梦想是怎样形成的？

6. 你们的父母彼此的人生目标一致吗？

7. 你们的共同目标又是什么？你们各自的目标有哪些差异？在这一点上，你们对生活还满意吗？从某种程度上说，你们感觉自己正如何实现重要的人生目标？

---

① 美国学界的"思想巨匠"、知名管理思想家。他在《高效能人士的影响力法则》一书中介绍了提高个人影响力的原则和要素，帮助读者更好地工作与生活。该书已由湛庐策划、浙江人民出版社出版。——编者注

第 7 条家风：拥有共同的价值观

是否将夫妻关系视为神圣且牢不可破的盟约，对婚姻质量至关重要。

对认可夫妻关系神圣性的人来说，他们相信有一种强大的力量促使双方走在一起。换句话说，这是彼此道德上的承诺。研究表明，如果人们认可夫妻关系的神圣性，那么他们对待冲突的态度会有所不同：人们会更加尊重彼此，相互的敌意也较少；即使发生冲突，彼此也不太容易闹到你死我活。人们因此也更加重视"我们"，而不是"我"，并且更乐意承担责任。

在分享彼此的价值观这一点上，你们做得如何？不妨进行以下测试。

测试：价值观与信念感讨论练习

阅读以下描述，根据实际情况选择"是"或"否"。

双方的价值观	是		否	
双方都明白"家"意味着什么	A	B	A	B
双方对性生活的看法一致	A	B	A	B
双方对爱和情感的看法一致	A	B	A	B
双方对金钱重要性和意义的看法一致	A	B	A	B
双方对"自主"和"独立"的看法一致	A	B	A	B

如果选择"是"少于 2 项，那么说明你们需要花更多的时间来讨论彼此的价值观。

接下来，不妨来听听埃塞利亚和雷蒙德的故事。

埃塞利亚和雷蒙德是在教会认识的。埃塞利亚说，在一开始，雷蒙德是他认识的男性中最讨厌的一个。雷蒙德来自路易斯安那州的一个农村，他是一名牧师。他认为自己是一个特别"接地气"的美国南方人。埃塞莉亚则来自美国西北部，出身高贵。她说，男性总是围绕着自己，都很礼貌，也很尊敬自己。但雷蒙德却不一样。

某一天，当教会的临时工作结束后，埃塞利亚感到如释重负。但令她感到惊讶的是，她发现自己开始思念雷蒙德了。之后的某一天，雷蒙德主动打来了电话！

俩人第一次约会是在西雅图的一个商场里面。他们一连聊了几个钟头，甚至都忘了吃饭。当天晚上，雷蒙德送埃塞利亚回了家。在门前，雷蒙德拉住埃塞利亚的手不肯放。他喃喃地说："埃塞利亚，我们一定会结婚的。"埃塞利亚直直地看着他，眼泪流了下来，问道："你就是我一直在等的人吗？""是的，就是我。"雷蒙德淡定地回答道。听到这儿，埃塞利亚泪如泉涌，她知道雷蒙德就是自己要找的人。

但他们俩需要磨合的地方还是很多的。例如，有一天在教堂，埃塞利亚的脚被木刺扎到了。雷蒙德立刻取来急救箱，然后当着所有人的面跪了下来，帮埃塞利亚脱下鞋子，将木刺拔了出来。埃塞利亚虽然无法拒绝雷蒙德的照顾，但她总感觉自己像农场里的动物一样。另外，她还要和雷蒙德一起吃烛光晚餐，并负责营造浪漫气氛。所以，他们需要融合彼此的文化。雷蒙德说道："你可以带领你的男人走出南方，但你不能剥夺他身上的南方气息。"对此，埃塞利亚表示同意。

第一次约会后，过了 6 个星期，某一天，雷蒙德由于心血管病需要拍摄血管造影。埃塞利亚来到他的病床边，还带来了证婚的牧师。那天，他们在病房结婚了。埃塞利亚想，万一有什么事，希望自己可以照顾雷蒙德。

多年以后，他们告诉我们，有一次他们俩发生了激烈的争吵，彼此分开了半小时，各自祈祷。我们问他们祈祷什么，是祈祷希望对方不要太固执吗？他们都回答说"不是"。他们祈祷，希望自己可以意识到自身的问题。一旦他们意识到自身的问题，就可以继续讨论了。在我们看来，他们俩真令人羡慕啊！他们俩相信双方关系是神圣的，彼此的联结感引领他们放弃防御和异议。

雷蒙德和埃塞利亚拥有美满的婚姻，是因为他们都相信婚姻的神圣性。同样，夫妻间只要能够分享彼此的共同价值观和信念，也能做到这一点。以下练习有助于认清自己的价值观和信念。

◆ 练习：价值观与信念讨论

选择以下任一话题，互相讨论。

1. 对你们来说，双方关系在哪一方面是神圣的？

2. "家"对你们来说意味着什么？对你们来说，是什么让一座房子变成了一个家？你们是如何共同建立这个家的？

3. "爱"对你们来说意味着什么？你们是如何表达爱的？

4. "供养者"对你们来说意味着什么？

5. "灵魂"对你们来说意味着什么？你们是如何展示"灵魂"的？

6. "祥和"对你们来说意味着什么？你们是如何展示"祥和"的？

7. "家庭"对你们来说意味着什么？你们是如何展示"家庭"的？

8. 金钱对你们来说意味着什么？在你们成长的家庭中，金钱又意味着什么？你们认可其中的哪些观点？又不认可哪些观点？金钱在你们现在的生活中有多重要？

9. 教育对你们来说意味着什么？在你们成长的家庭中，教育又意味着什么？你们认可其中的哪些观点？又不认可哪些观点？现在，你们是如何看待教育的？你们又如何"教育"他人？

10. "玩耍"和"娱乐"对你们来说意味着什么？在你们的生命中，它们的意义又是怎样的？

11. "信任"对你们来说意味着什么？

12. "自由""自主""独立""权力"对你们来说各自意味着什么？

13. 你们相互依赖，成为"我们"，这意味着什么？

14. "拥有"对你们来说意味着什么？如"拥有"汽车、华服、书籍、音乐、房子和土地等。

15. "自然"对你们来说意味着什么？你们在不同的季节是怎样生活的？

16. 你们会怀念什么？

我们讨论了如何为子女留下可传承的家族传统以及如何加深彼此的生命体验，还讨论祖先、日常生活和节日传统以及自身的角色、目标和价值。通过这些讨论，我们丰富了彼此生命的历程。我们在不断地改变，而这些讨论永远也不会终止，它们会滋养我们一生。

最后，让我们将前面提到的所有美好生活的原材料融合起来，用家庭的温暖"烘焙"它们，这样就可以创建美好的家庭。

这本书前前后后耗时 15 年，得到了许多人的帮助。对此，我们表示真诚的感谢。

1986 年，约翰和西比尔·卡雷尔（Sybil Carrere）博士共同建立了"爱情实验室"。

后来，我们共同研究了 130 对新婚夫妻，追踪了他们未来 6 年的婚姻生活，并用摄像机录了下来，研究了他们的生理特征，收集了他们的尿液以检测其激素水平，同时还提取了他们的血样，并在汉斯·奥克斯（Hans Ochs）博士的实验室对他们的免疫水平进行了分析。

感谢西比尔·卡雷尔博士、吉姆·科恩（Jim Coan）、亚尼·德里弗（Jani Driver）、桑尼·浩克斯塔尔（Sonny Ruckstahl）、金·麦科伊（Kim McCoy）以及所有志愿者。

这项研究在夫妻关系问题上取得了重要进展。随着被试中前 50 对夫妻为人父母，我们再次对他们及其孩子进行了观察。

这次研究采用了伊丽莎白·菲瓦·迪普厄辛耶（Elizabeth Fivaz Depeursinge）博士和安托瓦妮特·柯蓓茨（Antoinette Corbez）提供的方法，感谢他们为我们提供的咨询服务。

艾莉森·夏皮罗（Alyson Shapiro）在我们的研究队伍中展现了天然的领导力，并组织了一批本科生志愿者。

约翰赢得了华盛顿大学的詹姆斯·米夫林奖（James Alifflin Chair）。利用这些奖金，他设计了一些实验，研究夫妻在婴儿出生后双方的关系变化。

在整个团队的努力下，尤其是布兰迪·芬克（Brandi Fink）和辛迪·戴维斯（Cindy Davis），我们成功地开展了第一期随机对照实验。感谢所有人。

感谢瑞典医学院的凯蒂·布洛克（Katie Broch）、黛比·斯波斯基（Debbie Sibolski）和约迪·奥尔森（Jodi Olson）负责"带宝宝回家"的研究。

感谢卡罗琳·皮拉克（Carolyn Pirak）、乔妮·帕森莫（Joni Parthemer）和劳斯勒斯·皮尔（Rosalys Peel）3 位儿童教育家，他们经过大量研究之后，帮助我们开发了"带宝宝回家"工作坊。直到今天，他们依然在和我们一起工作。卡罗琳·皮拉克现在是"带宝宝回家"工作坊的全球导师，在全世界范围内的 24 个国家培训并认证了成百上千位教练。对于他们的无私奉献，我们难以用语言表达。

感谢罗恩·拉宾（Ron Rabin）提供的研究经费，他是丹·克兰茨勒（Dan Kranzler）和莎莉·克兰茨勒（Sally Kranzler）创建的克林基金会（Kirlin Foundation）的执行主任。同时也感谢艾沛克斯基金会（Apex Foundation）的克雷格·斯图尔特（Craig Stewart）主任以及艾沛克斯基金会的捐赠人兼塔拉里斯研究所（Talaris Research Institute）的奠基人布鲁斯·麦考（Bruce McCaw）和乔琳·麦考（Jolene McCaw）夫妇的慷慨资助。

还要对塔拉里斯研究所的工作人员表示感谢，他们分别是：巴克·史密斯（Buck Smith）、特里·梅尔斯曼（Terry Meersman）、布里奇特·钱德勒（Bridget Chandler）和奥尔登·琼斯（Alden Jones），如果没有他们，这个项目不可能成功。

艾莉森·夏皮罗和丹·吉本（Dan Yoshimoto）共同对"带宝宝回家"研究进行了完善。丹·科斯特洛（Dan Costello）全身心地投入研究之中，并积极且热情地指导了该项目的商业运营。

还有许多人也为此做出了许多努力，他们分别是：克里茜·安德森（Chrissy Anderson）、埃琳·艾伦·布劳尔（Erin Allen Brower）、克里斯季·孔唐（Kristi Content）、伊丽莎白·科尔曼（Elizabeth Coleman）、凯琳·德鲁米（Kaeleen Drummey）、凯利·格林（Kelly Green）、克里斯廷·约翰逊（Kristin Johnson）、茱莉亚·莱布森（Julia Laibson）、贝蒂·洛佩斯（Betty Lopez）、尼基·菲舍尔·迈耶斯（Nicki Fischer Meyers）、詹姆斯·默里（James Murray）、南永恩（Eun Young Nahm）、伊丽莎白·舍特尔（Elizabeth Schoettle）、凯瑟琳·施瓦茨（Katherine Schwartz）、凯瑟琳·斯旺森（Catherine Swanson）、玛丽娜·史密斯（Marina Smith）、安伯·塔瓦雷斯（Amber Tabares）、莉萨·泰勒（Lisa Taylor）和贝姬·撒切尔（Becky Thatcher）。对于他们的付出，我们深表感激。

还要感谢约翰的行政助理，"万能的"吉尔·特雷茨（Jill-of-all-Trades）、莎伦·芬蒂曼（Sharon Fentiman），还有我们的好朋友德科·贾格尔（Derk Jager）。他们组成了我们的摄影团队。

此外，还要感谢我们的经纪人卡廷卡·马特森（Katinka Matson），没有她，本书不可能出版。

最后，感谢皇冠出版公司（Crown Press）的员工，尤其是克里斯廷·凯泽（Kristin Kiser）和塔拉·吉尔布莱德（Tara Gilbride），他们共同负责了本书的出版。

未来，属于终身学习者

我这辈子遇到的聪明人（来自各行各业的聪明人）没有不每天阅读的——没有，一个都没有。巴菲特读书之多，我读书之多，可能会让你感到吃惊。孩子们都笑话我。他们觉得我是一本长了两条腿的书。

——查理·芒格

互联网改变了信息连接的方式；指数型技术在迅速颠覆着现有的商业世界；人工智能已经开始抢占人类的工作岗位……

未来，到底需要什么样的人才？

改变命运唯一的策略是你要变成终身学习者。未来世界将不再需要单一的技能型人才，而是需要具备完善的知识结构、极强逻辑思考力和高感知力的复合型人才。优秀的人往往通过阅读建立足够强大的抽象思维能力，获得异于众人的思考和整合能力。未来，将属于终身学习者！而阅读必定和终身学习形影不离。

很多人读书，追求的是干货，寻求的是立刻行之有效的解决方案。其实这是一种留在舒适区的阅读方法。在这个充满不确定性的年代，答案不会简单地出现在书里，因为生活根本就没有标准确切的答案，你也不能期望过去的经验能解决未来的问题。

而真正的阅读，应该在书中与智者同行思考，借他们的视角看到世界的多元性，提出比答案更重要的好问题，在不确定的时代中领先起跑。

湛庐阅读App：与最聪明的人共同进化

有人常常把成本支出的焦点放在书价上，把读完一本书当作阅读的终结。其实不然。

时间是读者付出的最大阅读成本

怎么读是读者面临的最大阅读障碍

"读书破万卷"不仅仅在"万"，更重要的是在"破"！

现在，我们构建了全新的"湛庐阅读"App。它将成为你"破万卷"的新居所。在这里：

● 不用考虑读什么，你可以便捷找到纸书、电子书、有声书和各种声音产品；

● 你可以学会怎么读，你将发现集泛读、通读、精读于一体的阅读解决方案；

● 你会与作者、译者、专家、推荐人和阅读教练相遇，他们是优质思想的发源地；

● 你会与优秀的读者和终身学习者为伍，他们对阅读和学习有着持久的热情和源源不绝的内驱力。

下载湛庐阅读 App，
坚持亲自阅读，
有声书、电子书、阅读服务，
一站获得。

CHEERS

本书阅读资料包
给你便捷、高效、全面的阅读体验

本书参考资料
湛庐独家策划

- ☑ **参考文献**
  为了环保、节约纸张，部分图书的参考文献以电子版方式提供

- ☑ **主题书单**
  编辑精心推荐的延伸阅读书单，助你开启主题式阅读

- ☑ **图片资料**
  提供部分图片的高清彩色原版大图，方便保存和分享

相关阅读服务
终身学习者必备

- ☑ **电子书**
  便捷、高效，方便检索，易于携带，随时更新

- ☑ **有声书**
  保护视力，随时随地，有温度、有情感地听本书

- ☑ **精读班**
  2~4周，最懂这本书的人带你读完、读懂、读透这本好书

- ☑ **课　程**
  课程权威专家给你开书单，带你快速浏览一个领域的知识概貌

- ☑ **讲　书**
  30分钟，大咖给你讲本书，让你挑书不费劲

湛庐编辑为你独家呈现
助你更好获得书里和书外的思想和智慧，请扫码查收！

（阅读资料包的内容因书而异，最终以湛庐阅读App页面为准）

本书中文简体字版由 John M. Gottman, Ph.D. and Julie Schwartz Gottman, 授权在中华人民共和国境内独家出版发行。未经出版者书面许可，不得以任何方式抄袭、复制或节录本书中的任何部分。

著作权合同登记号：图字：01-2022-1069 号

版权所有，侵权必究

本书法律顾问　北京市盈科律师事务所　崔爽律师

图书在版编目（CIP）数据

幸福的家庭 / (美) 约翰·戈特曼，(美) 朱莉·施瓦茨·戈特曼著；冷爱译. --北京：中国纺织出版社有限公司，2022.4

书名原文：And Baby Makes Three

ISBN 978-7-5180-9370-0

Ⅰ. ①幸⋯　Ⅱ. ①约⋯ ②朱⋯ ③冷⋯　Ⅲ. ①家庭关系-通俗读物　Ⅳ. ①C913.11-49

中国版本图书馆CIP数据核字（2022）第039556号

责任编辑：刘桐妍　责任校对：高　涵　责任印制：储志伟

中国纺织出版社有限公司出版发行

地址：北京市朝阳区百子湾东里 A407 号楼　邮政编码：100124

销售电话：010—67004422　传真：010—87155801

http://www.c-textilep.com

中国纺织出版社天猫旗舰店

官方微博 http://weibo.com/2119887771

天津中印联印务有限公司印刷　各地新华书店经销

2022年4月第1版第1次印刷

开本：710×965　1/16　印张：15.25　插页：1

字数：215千字　定价：79.90元

凡购本书，如有缺页、倒页、脱页，由本社图书营销中心调换